Wolfgang Moser

WAS AUF DER ZUNGE LIEGT

Wissenswertes und Überraschendes
aus der Welt der Sprachen

Klingenberg

Originalauflage

Umschlag: Josef Fürpaß
Satz und Layout: Paul Klingenberg

Mit freundlichem Dank an Lisa Handler, Laura Schuler und Heinrich Pfandl für sprachliche und inhaltliche Verbesserungen.

Druck: Finidr
Papier: Munken Lynx, 100g
Gedruckt auf FSC-zertifiziertem Papier

Printed in the European Union

ISBN 978-3-903284-28-9
eISBN 978-3-903284-55-5

www.klingenbergverlag.at

Die Entstehung und Drucklegung dieses Werks wurden gefördert durch:

GRAZ

URANIA
Bildung mit Begegnung

Sprachen
Netzwerk Graz

Das Land Steiermark
→ Bildung

Das Land Steiermark
→ Wirtschaft, Tourismus, Wissenschaft und Forschung

Das Land Steiermark
→ Kultur, Europa, Sport

Inhalt

VORWORT

Viele von uns sind im Alltag bereits auf sprachliche Phänomene gestoßen, die unsere Neugierde geweckt haben. Allerdings gibt es kaum Publikationen, die Wissenswertes über Sprache so darbieten, dass es verständlich und unterhaltsam für Laien ist. *Was auf der Zunge liegt. Wissenswertes und Überraschendes aus der Welt der Sprachen* verspricht für die Erwachsenenbildung – nicht nur an der Urania Steiermark – eine spannende und kurzweilige Einführung in die Welt der Sprachen für Interessierte. Sie zielt darauf ab, die Lust auf die Beschäftigung mit Sprachen zu wecken und zu verstärken.

Während die Mehrsprachigkeitsdidaktik seit Jahren darum bemüht ist, Kindern die Beschäftigung mit Sprachen spielerisch und lustvoll schmackhaft zu machen und dazu auch entsprechende Publikationen vorliegen, besteht in der Erwachsenenbildung eine große Lücke in diesem Bereich. Das vorliegende Buch ist endlich ein Versuch, dieses Manko zu beheben. Darüber hinaus bietet diese Publikation einen wichtigen Beitrag zur Mehrsprachigkeitsdidaktik. Dies ist insofern bedeutsam, als *Science-to-Public* im Bereich der Sprachen noch wenig praktiziert wird.

Hermine Penz

Obfrau des Vereins *Europäisches Fremdsprachenzentrum* in Österreich

Zur Schreibung von anderssprachigen Wörtern

- Fremdsprachige Wörter und Wortteile, die in den Texten besprochen werden, sind kursiv. Beispiel: *tea, herba*
- Bedeutungen sind in einfachen Anführungszeichen (›…‹) angegeben. Beispiel: *herba* (›Gras‹, ›Heilkraut‹)
- Gesprochenes wird in doppelte Anführungszeichen (»…«) gestellt. Beispiel: »tscha«, »ta« oder »te«
- Da sich einzelne Buchstaben der kyrillischen Schrift verwirrend stark verändern, wenn sie kursiv gestellt werden (z. B. т → *т*), bleiben sie nicht kursiv

Wissenschaftliche Quellen

Alle in diesem Buch dargestellten sprachlichen Phänomene wurden bereits wissenschaftlich erforscht und sind in der Fachwelt bekannt. Daher entfallen Quellenangaben zu den Inhalten der Kurztexte. Wer sich selbst auf eine Reise durch die Welt der Wörter begeben möchte, dem seien zwei Metawörterbücher im Internet empfohlen:

- *Wiktionary, the free dictionary,* mit derzeit bereits mehr als acht Millionen Einträgen aus über 4400 Sprachen: *www.wiktionary.org*
- Das Wörterbuchnetz der Universität Trier, für das über dreißig deutsche Lexika und historische Wörterbücher sowie Dialekt- und Fachwörterbücher digital aufbereitet und verknüpft wurden: *www.woerterbuchnetz.de*

HÖRGESCHICHTEN

IBERISCHE HÖFLICHKEIT AM SPÄTEN ABEND

Abendliche Speise in Portugal: sardinhas assadas

Man stelle sich vor, man wird spätabends von Wirtsleuten bei Eintritt ins Lokal mit »Gute Nacht« begrüßt. Keinesfalls wäre das eine Einladung, die Gaststätte zu betreten, eher ein wenig höflicher Verweis auf die nahende Sperrstunde und Nachtruhe.

Anders in Lissabon oder Porto: Ein freundliches *boa noite* – und schon gilt es, *sardinhas assadas* oder *bacalhau* zu bestellen.

Boa noite ist in Portugal die normale Grußformel für Abschied und (!) Begegnung – so wie bei uns »Guten Abend«.

Warum wünscht man aber im nahen Spanien nicht nur eine gute Nacht, sondern gleich mehrere (*buenas noches*)? Nimmt man an, dass die Nacht für den Sprechenden und die Angesprochenen verschieden sind oder denkt man schon an weitere Nächte? Die Frage, warum etwas in der einen Sprache so und in der anderen anders ist, lässt sich nicht immer endgültig erklären. Sprachnormen sind teilweise ein Ergebnis des Zufalls.

KNAUEN TAG: DIE GOTISCHE SPRACHE UND EXOTISCHE BLUMEN

Ein Blatt aus aus dem Codex Argenteus, einer Abschrift der Wulfilabibel

Das Gotische ist vor allem aus einem einzigen längeren Text bekannt – der Wulfila-Bibel aus dem 4. Jahrhundert. Mehr als 1200 Jahre später gibt es wieder Spuren des Gotischen an den Ufern des Schwarzen Meeres.

Der aus Flandern stammende Gelehrte Ogier Ghiselin de Busbecq (1522–1592) war Gesandter Kaiser Karls V. in Konstantinopel. Zu seiner Verwunderung konnte er sich mit zwei Bewohnern der damals osmanischen Halbinsel Krim verständigen. Sein Bericht und seine Wortlisten sind Hinweise darauf, dass die gotische Sprache bis in die Neuzeit lebendig war:

- *handa* – ›Hand‹
- *bruder* – ›Bruder‹
- *schuuester* – ›Schwester‹
- *sune* – ›Sonne‹
- *mine* – ›Mond‹
- *hus* – ›Haus‹
- *reghen* – ›Regen‹
- *oeghene* – ›Augen‹
- *Knauen tag* – ›Guten Tag‹

Gezählt wurde folgendermaßen:

1	*ita*
2	*tua*
3	*tri*
4	*fyder*
5	*fyuf*
6	*seis*
7	*seuene*
8	*ahte*
9	*nyne*
10	*thiine*

Niemand weiß, wie das Krimgotische wirklich geklungen hat und ob eine problemlose Verständigung mit einem Flamen des 16. Jahrhunderts möglich war. Wahrscheinlich war dem vielsprachigen Diplomaten bewusst, dass diese Sprache dem Deutschen und Flämischen verwandt ist. Man nimmt an, dass er deshalb die Ähnlichkeit in der Niederschrift betonte und unbekannte Laute so niederschrieb, wie es ihm vertraut zu sein schien.

Bekannt ist Ogier Ghiselin de Busbecq bis heute auch dafür, dass er als erster den Flieder, Tulpen- und Hyazinthenzwiebeln aus Kleinasien nach Mitteleuropa brachte.

ABWARTEN UND TEE TRINKEN: AUF DREI WEGEN NACH EUROPA

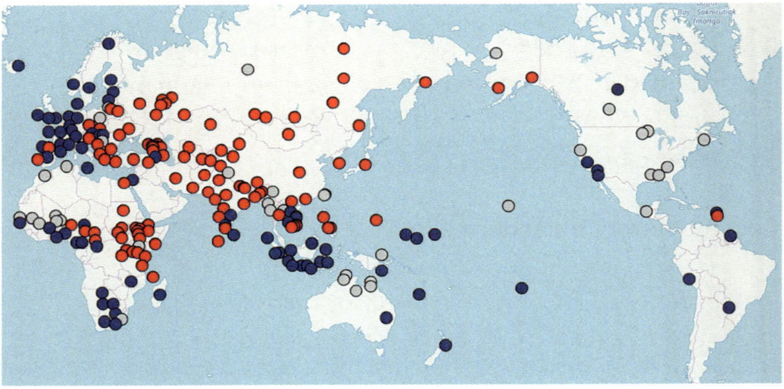

Namen wie ›čaj‹ oder ›chá‹ in rot, ›tea‹, ›thé‹ oder ›Tee‹ in blau und andere Bezeichnungen in grau

Das Getränk aus Wasser und dem Auszug von Pflanzenteilen heißt in fast ganz Europa *Tee* (deutsch), *tea* (englisch), *thé* (französisch), *tè* (italienisch), *té* (spanisch) ... oder *čaj* (tschechisch, slowakisch, slowenisch, kroatisch ...), *çay* (türkisch), *ceai* (rumänisch) ... Die Trennung verläuft mit Ausnahme des Portugiesischen (*chá*) von Nordwest zu Südost. Warum?

Die Antwort liegt im Chinesischen, dessen Zeichen regional sehr unterschiedlich ausgesprochen werden: 茶 lautet im Kantonesischen (im Süden, um Hongkong und Macau) »tscha«, im Min-Chinesischen (Südosten und Taiwan) »ta« oder »te«.

Den ersten Tee und damit das Wort brachten portugiesische Seefahrer um 1550 aus der kantonesischsprachigen Kolonie Macau nach Europa. Allerdings fand er keine große Verbreitung. Gut einhundert Jahre später importierten – mit weit mehr Erfolg – die Niederländer wiederum Tee nach Europa, diesmal aus min-sprachigen Teilen Chinas.

Der Osten und Südosten Europas haben mit diesen Importwegen nichts zu tun. Der *čaj* gelangte aus derselben Herkunftsregion auf dem Land über die Seidenstraße dorthin.

Das polnische Wort *herbata* hingegen entwickelte sich wie in den benachbarten Sprachen Litauisch und Weißrussisch aus dem lateinischen *herba* (›Gras‹, ›Heilkraut‹), bezeichnete also ursprünglich einen Kräutertee.

STEIRISCHER DOPPLER: DER KREBS IM NACHBARBACH

Die meisten Ortsnamen der Steiermark sind slawischen oder germanischen Ursprungs und damit Belege für die Siedlungsgeschichte des Landes.

Manchmal findet man hierzulande Namen benachbarter Orte mit gleicher Ursprungsbedeutung. Dies setzt voraus, dass die ältere Sprache zumindest noch bruchstückhaft verstanden wurde, als die neue Bevölkerungsgruppe eine neue Siedlung anlegte.

Einige Beispiele:

- Gnas (slow. *knez* ›Fürst‹) – Fürstenfeld
- Osterwitz (slow. *oster* ›spitz‹) – Spitzegg
- Edelschrott (das in früheren Quellen Jelenschrott hieß, von slow. *jelen* ›Hirsch‹) – Hirschegg
- Fresen (slow. *breza* ›Birke‹) – Birkfeld
- Ragnitz(-bach) (slow. *rak* ›Krebs‹) – Kroisbach (dialektal für Krebsbach)

SCHREIBGESCHICHTEN

DER IROKESE VON KRETA

Der Diskos von Phoibos

Was bedeutet das Schriftzeichen des Mannes mit dem aufgestellten Haar?

Der Diskos von Phaistos ist eine auf Kreta gefundene Scheibe aus gebranntem Ton, eines der bedeutendsten Fundstücke aus der Bronzezeit (ca. 1700 v. Chr.). So groß wie eine Untertasse, ist sie auf beiden Seiten mit 241 spiralförmig angeordneten Zeichen bestempelt. Es gibt 45 verschiedene Menschen-, Tier-, Geräte- und Pflanzenbilder. Das häufigste Zeichen ist der neunzehnmal vorkommende »Mann mit Irokesenfrisur«, beispielsweise auf Seite A und B unten.

Der Text stellt den ersten bekannten »Druck« mit vorgefertigten Lettern dar. Es ist daher sehr wahrscheinlich, dass diese Zeichen auch auf anderen Tonscheiben verwendet wurden. Diese wurden aber nicht gefunden. Es ist auch kein vergleichbares Fundstück mit solchen Zeichen bekannt. Der einzigartige Text in einer unbekannten Sprache gilt daher als noch nicht entzifferbar.

Auffällig ist, dass der »Irokese« immer am Beginn eines Wortes steht – sofern die Zeichengruppen in den Feldern wirklich jeweils ein Wort darstellen. Denn wenn nicht zufällig ein zweisprachiger Text mit einer weiteren, zumindest teilweise bekannten Sprache auftaucht, werden wir nie herausfinden, ob der abgebildete Mann eine auffällige Haartracht oder einen gefiederten Helm trägt und was er bedeutet.

RÄTSELHAFT RÄTISCHES IN TIROL: DIE ÄLTESTEN SCHRIFTZEICHEN ÖSTERREICHS

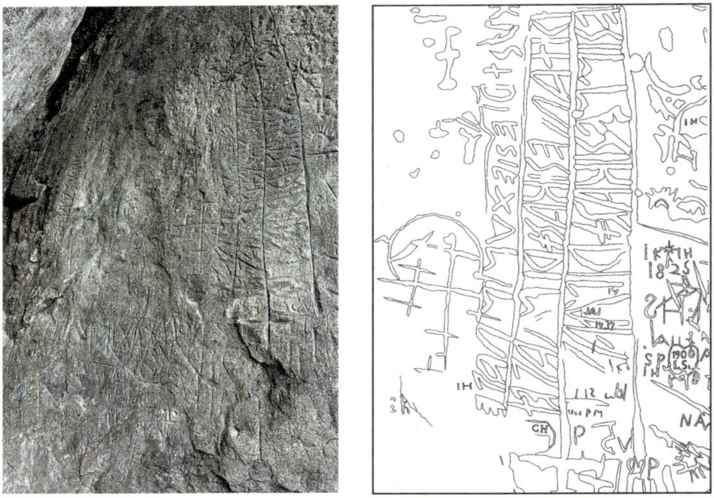

Die Inschriften vom Schneidjoch in Tirol. Gipsabgüsse sind im Tiroler Landesmuseum Ferdinandeum in Innsbruck zu finden

Am Schneidjoch in Tirol, nahe der Grenze zu Bayern, finden sich in einer Quellgrotte einige Felsritzungen. Die ersten Schriftzeichen stammen aus vorrömischer Zeit ab 500 v. Chr. Drei der acht oder neun Inschriften sind Weiheformeln von Familien in rätischer Sprache. Diese heute weitgehend unverständliche Sprache ist mit dem Etruskischen verwandt und wurde bis ins 3. Jahrhundert n. Chr. im nordöstlichen Italien und im heutigen Westösterreich gesprochen.

Die deutsche Bezeichnung *Räter* geht auf griechische und römische Autoren-Quellen zurück. Sie nannten das Volk *Ῥαιτοί* (*Rhaitoí*) bzw. *Raeti*. Der aus Padua stammende Titus Livius (ca. 59 v. Chr. bis 17 n. Chr.) äußerte in seiner berühmten Geschichte der Stadt Rom (*Ab urbe condita*), sie seien Etrusker, die von den Kelten in die Alpen vertrieben wurden und dort »verwilderten«.

Mit dem in der Südostschweiz bis heute gesprochenen Rätoromanischen hat die rätische Sprache außer der Benennung nach der römischen Provinz Rätien nichts zu tun.

OGHAM: SCHREIBEN MIT DEN FINGERN AN DER NASE

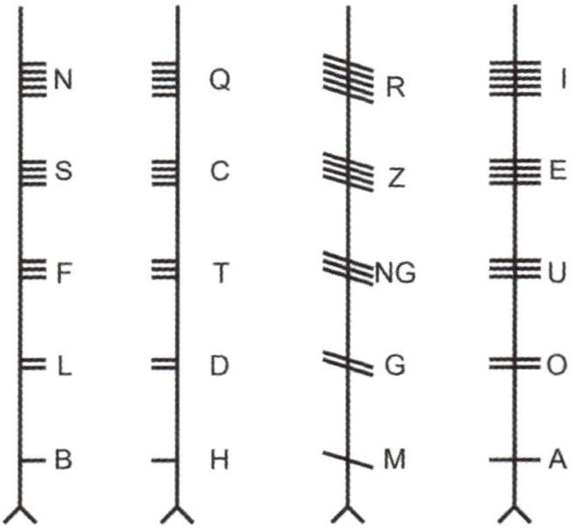

Ogham als Kantenschrift auf Stein und
Bambi Thug mit Ogham-Botschaften im Gesicht

Während sich die meisten Schriftsysteme für ebene Flächen (Papier, Tafeln ..., neuerdings Bildschirme) eignen, braucht man für die altirische Ogham-Schrift Kanten, an denen man gerade oder schräge Linien einkerbt.

Diese Schrift ist auf rund 400 Steinmonumenten aus dem 5. bis 7. Jahrhundert in Irland, teils auch in Cornwall und Wales überliefert.

Ein altirisches Manuskript, das *In Lebor Ogaim*, beschreibt, wie man Ogham auch als Alphabet für die geräuschlose Kommunikation nutzen kann, indem man die Finger quer über das Schienbein, die Nase oder den Handrücken legt.

Ogham ist nicht tot: Bambi Thug vertrat Irland beim Eurovision Song Contest 2024 und kombinierte die Kantenschrift mit der Körperschrift: Entlang von »Körperkanten« an Armen, Beinen und Gesicht waren tätowierte Ogham-Inschriften zu sehen.

RUNEN IN UNGARN?

Einmal von links, einmal von rechts gelesen: Eine Ortstafel in Westungarn in lateinischer und in altungarischer Schrift

Die *altungarisch* genannte Schrift verläuft von rechts nach links und wurde im Mittelalter, vor Einführung des lateinischen Alphabets, für das Ungarische verwendet. Sie stammt möglicherweise von der alttürkischen Orchon-Schrift ab. Zu den germanischen Runen besteht keine nähere Verwandtschaft, außer dass sie ebenso für das Einkerben in Holz geeignet ist und deshalb keine engen Kurven aufweist. Auf Ungarisch heißt sie treffend *rovásírás* (*rovás* ›Einschnitt, Kerbe‹, *irás* ›Schrift‹).

Besonders beliebt scheint diese Schrift unter Nationalisten zu sein, die damit die Eigenheit der ungarischen Sprache und die Eigenständigkeit ihres Volkes darstellen wollen, auch in Gebieten, in denen diese Schrift nie in Gebrauch war.

Dennoch haben die meisten europäischen Alphabete – auch Runen, Orchon und Altungarisch – gemeinsame Wurzeln in der phönizischen Schrift.

SCHREIBÜBUNGEN IM BIRKENWALD

Papierbirke (Betula papyrifera)

Birkenrindentext des siebenjährigen Onfim aus Nowgorod

Ein Hauptexportartikel des alten Ägypten war ein Schreibmaterial: Papyrus bestand aus den flach geklopften, kreuzweise übereinandergelegten und zusammengepressten Stängeln von Schilfpflanzen, die dann zu langen Rollen zusammengeklebt wurden. Papyrus war relativ billig und gut haltbar. Erst der Zerfall des Römischen Reichs unterbrach die Handelsbeziehungen in den Orient und den Fernhandel. Ab etwa 400 wurde Papyrus in Europa immer teurer und war dann kaum noch erhältlich.

In Europa schrieb man daraufhin fast ein Jahrtausend lang vor allem auf geglätteten Tierhäuten, auf Pergament, sofern man aus Kostengründen überhaupt schrieb. Denn eine Schafherde reichte gerade für ein einziges Buch ...

Doch es gab günstige Alternativen! Schon lange vor der Erfindung der maschinellen Papierherstellung in Italien im 13. Jahrhundert nutzte man in Nordwestrussland Birken. Deren helle Rinde war in jedem Wald verfügbar; auch Kinder durften darauf zeichnen und schreiben lernen. Die bei Ausgrabungen gefundenen Birkenrindentexte (russ. берестяные грамоты, *berestjanýe grámoty*) aus dem 11. bis 15. Jahrhundert bieten bis heute Einblicke in Notizen, Alltagstexte und Briefe des spätmittelalterlichen Bürgertums Russlands.

Was und worauf würde der siebenjährige Onfim, der im 13. Jahrhundert in Nowgorod in Russland lebte, heute schreiben? Seine Übungstexte sind nach rund 800 Jahren immer noch gut lesbar. Kinder brauchen Papier!

ORDNUNG MUSS SEIN: EIN LOB DEM ALPHABET

1	一 1	丨 2	丶 3	丿 4	乙 5	亅 6				
2	二 7	亠 8	人 9	儿 10	入 11	八 12	冂 13	冖 14	冫 15	几 16
凵 17	刀 18	力 19	勹 20	匕 21	匚 22	匸 23	十 24	卜 25	卩 26	厂 27
厶 28	又 29									
3	口 30	囗 31	土 32	士 33	夂 34	夊 35	夕 36	大 37	女 38	子 39
宀 40	寸 41	小 42	尢 43	尸 44	屮 45	山 46	巛 47	工 48	己 49	巾 50
干 51	幺 52	广 53	廴 54	廾 55	弋 56	弓 57	彐 58	彡 59	彳 60	
4	心 61	戈 62	户 63	手 64	支 65	攴 66	文 67	斗 68	斤 69	方 70
无 71	日 72	曰 73	月 74	木 75	欠 76	止 77	歹 78	殳 79	毋 80	比 81

Die ersten 81 von 214 Klassenzeichen (Radikale) in der chinesischen Schrift. Die roten Zahlen geben die Anzahl der Striche an

Wir ordnen Wörter nach dem Alphabet. Dessen Reihenfolge und Zeichenzahl ist in den in Europa verwendeten Schriften recht ähnlich. Griechisch: *αβγδε* ..., lateinisch: *abcde* ..., kyrillisch: абвге ... Zur erfolgreichen Suche eines Wortes oder Namens muss man bloß die Reihenfolge aller Buchstaben von A bis Z kennen.

Wie funktioniert das im Chinesischen mit seinen Tausenden Schriftzeichen?

In chinesischen Wörterbüchern ist jedes Wortzeichen einem von 214 Klassenzeichen (sogenannten Radikalen) zugeordnet. 木 *mù*, ›Baum‹, ist unter Nummer 75 zu finden. Dann muss man die weiteren Striche zählen: 林 *lín* (›Wald‹) schreibt man mit vier zusätzlichen Strichen und ist im Wörterbuch in einer Gruppe mit 松 *sōng* (›Kiefer‹) mit ebenfalls vier Strichen zu suchen. 本 *ben* (›Wurzel‹) findet man davor, da es sich nur mit einem Zusatzstrich schreibt, 楓 *hùa* (›Birke‹) mit neun zusätzlichen Strichen, weit dahinter.

Ich bin mir sicher, dass auch dieses System funktioniert, hätte aber Bedenken, den Wald vor lauter Bäumen nicht zu sehen ... Wie diese Redensart wohl auf Chinesisch heißt?

CHINESISCH LESEN? NUR BIS ZUR MITTE

Das erste Zeichen am unteren Markenrand bedeutet ›Mitte‹ (中), das zweite ›Land‹ (国), die anderen Schriftzeichen stehen für die Selbstbezeichnung ›Volksrepublik‹

China nennt man das »Reich der Mitte«, in der chinesischen Version ist der Name des großen Landes – *Zhōngguó* (中国) – bereits seit rund 3000 Jahren in Gebrauch. Die Mitte wovon? Zwischen Sibirien und Pazifischem Ozean? Nein: Gemeint ist das Gebiet am Gelben Fluss in der Zentralchinesischen Ebene, das Kerngebiet Chinas und die Wiege der chinesischen Kultur.

Heute gilt der Ausdruck für ganz China. Die Schriftzeichen sind zum Beispiel auf der Briefmarke, bei genauem Blick auch für westliche Augen zu deuten: 中 bedeutet ›Mitte‹, im zweiten Teil 国 ist das Grundzeichen 囗 für eine ›Umgrenzung‹ erkennbar.

Chinesisch sollte man nicht als einzelne Sprache sehen, sondern als Sprachengruppe, deren einzelne Dialekte oder Sprachen untereinander nicht verständlich sind. Besser ist es, von regionalen Varianten des Chinesischen zu sprechen. Aber alle Chinesischsprachigen können sich über die chinesische Schrift verständigen, welche überall unabhängig von der Aussprache, aber in gleicher Schreibung benutzt wird.

SONNE ÜBER NIPPON

Der Ländername 日本国 *(Nihonkoku) in der oberen Hälfte der 5-Yen-Münze*

Wenn im Winter in Österreich die Sonne aufgeht, geht sie in Japan schon bald unter. Japans Zonenzeit JST (jap. 日本標準時, *Nihon hyōjunji*; engl. *Japan Standard Time*) ist acht Stunden vor der Mitteleuropäischen Zeit MEZ.

Das »Land der aufgehenden Sonne« zeigt im ersten Schriftzeichen des Landesnamens 日本国 (*Nihonkoku*) einen Strich, der das Rechteck horizontal in zwei gleiche Teile teilt. Damit ist die Sonne gemeint, die sich beim Aufgang im Meer spiegelt.

Warum ist die Sonne nicht rund? Die Schriftzeichen haben sich in der Form der traditionellen Pinselführung angepasst, die nur große Bögen erlauben. Einen kleinen Kreis zu malen ist nach den Schreibregeln nicht möglich.

SCHLAG NACH BEI ŠEKSPĪRS!

Buchcover aus Lettland: Das -s am Ende von »Viljams«, »Šekspīrs« und »Hamlets« zeigt an, dass es sich um männliche Personen handelt

Die englische Rechtschreibung gilt als schwierig und unsystematisch. Der Dramatiker George Bernard Shaw hat einmal den nicht ganz ernst zu nehmenden Vorschlag gemacht, das Wort *Fish* als *Ghoti* zu schreiben: *F* wie in enou*gh*, *i* wie w*o*men und *sh* wie na*ti*on.

Auch im Deutschen gibt es Zwei-, Drei- und sogar Vierspurigkeiten: Der Laut F kann durch *V* (von), *F* (Föhn) oder *Ph* (Phon) dargestellt sein; das lang gesprochene I schreibt man in viererlei Weise: m*i*r, *ih*r, B*ie*r oder st*ieh*lt.

Lettisch und Litauisch sind hier konsequenter: Jedem Laut entspricht ausnahmslos nur ein Buchstabe; jedes Wort wird diesen Rechtschreibregeln angepasst, auch anderssprachige Eigennamen. Unser Staatsoberhaupt heißt lettisch *Aleksandrs van der Bellens* und litauisch *Aleksandras Van der Belenas*.

Die Namen von Männern brauchen im Lettischen beim Vor- und Nachnamen immer ein *-s*, die der Frauen ein *-a* oder *-e*. Ein paar Beispiele dazu? Auf der österreichischen Ein- und Zwei-Euro-Münze sind lettisch *Volfgangs Amadejs Mocarts* und *Berta fon Zutnere*. Kennen Sie aus dem Schisport *Francs Klammers, Hermanis Maiers, Benjamīns Raihs, Annemarija Mozere-Prolla, Renāte Gotčla* und *Anna Feita*? Also: Schlag nach bei *Viljams Šekspīrs* oder auch bei *Elfrīde Jelineka*.

SCHNELLES SCHREIBEN ZU FIXER STUNDE UND NUR BEI GUTEM WETTER

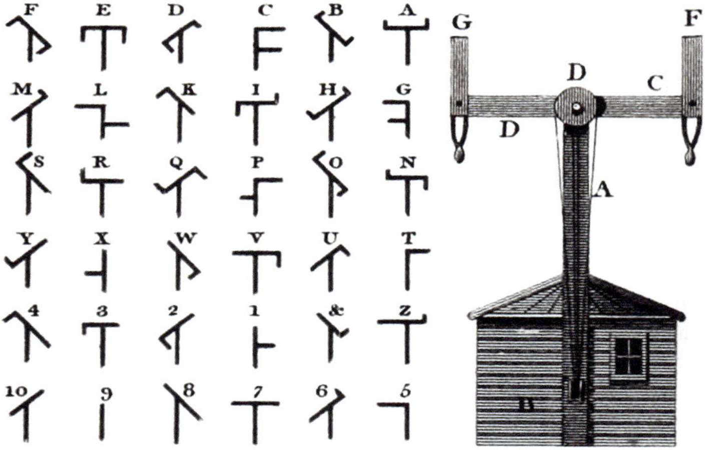

Der optische Telegraf setzt voraus, dass die Uhren in allen Landesteilen die gleiche Zeit zeigen

Der Priester Claude Chappe entwickelte um 1790 gemeinsam mit seinen Brüdern Abraham und Ignace die Tachygraphie (griechisch für ›Schnellschrift‹), später auch optische Telegrafie genannt.

Durchschnittlich alle elf Kilometer wurde eine Schreibstation errichtet: Über Rollen und Seile ließen sich die Holzbalken so verstellen, dass man 196 verschiedene Zeichen, Buchstaben und Abkürzungen bilden konnte. Eine Botschaft benötigte für die 270 km von Paris nach Lille nur zwei Minuten!

Ein Nebenerfolg des vor allem während der Napoleonischen Kriege militärisch genutzten Nachrichtensystems war die landesweite Vereinheitlichung der Uhrzeit. Denn es wurde stets zur vereinbarten Stunde geschrieben – sofern es hell genug und nicht neblig war.

Ab etwa 1840 waren die elektromagnetischen, durch witterungsfeste elektrische Leitungen verbundenen Telegrafen im Einsatz. Die Buchstaben wurden durch Morsezeichen dargestellt.

ALLES BEGANN MIT DEM UNGEZIEFER

»Möge dieser Kamm die Läuse in deinem Haar und deinem Bart ausmerzen.« Dieses Anliegen ist auf einem kleinen, 3 700 Jahre alten Kamm zu lesen, der 2016 in Israel gefunden wurde.

Die kanaanitischen Schriftzeichen sind aber so fein, dass sie erst 2023 erkannt wurden – gemeinsam mit Resten von Läusen. Es handelt sich dabei um den ältesten überlieferten Satz in einer Buchstabenschrift.

Unsere lateinische Schrift geht auf das Schriftsystem der Phönizier zurück, das wiederum von dieser proto-sinaitischen Schrift abstammen dürfte. Sie wurde von den ägyptischen Wort- und Silbenzeichen inspiriert.

Der Kamm mit Lausresten und dem ältesten Text in einer Buchstabenschrift

BUCHSTABEN-GESCHICHTEN

ALPHA – AM ANFANG WAR DAS RINDVIEH

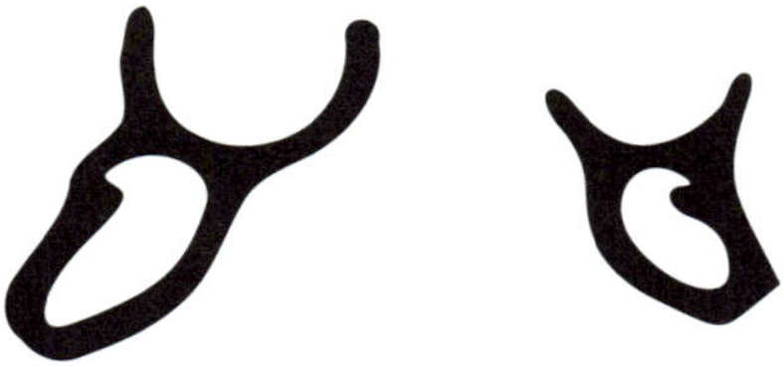

Der Ursprung des A in der Schrift der Kanaaniter (ca. 1500 v. Chr.)

Phönizisch		Griechisch		Lateinische Schrift
𐤀	ʔalf	Aα	Alpha	Aa
𐤁	bēt	Bβ	Beta	Bb
𐤂	gaml	Γγ	Gamma	Cc

Phönizische, griechische und lateinische Schrift: Die jeweils ersten drei Buchstaben in den drei Schriften und ihre Entsprechungen. Das Zeichen ʔ (›Glottisschlag‹) gibt einen Laut an, der durch den Verschluss und die Öffnung der Stimmlippen entsteht

Das Alphabet hat eine weite Reise vom Nahen Osten über Griechenland bis nach Rom hinter sich. Über die lateinische Sprache sowie die großen westeuropäischen Kolonialsprachen Englisch, Französisch, Portugiesisch, Spanisch breitete es sich bis heute auf der ganzen Welt aus. Woher stammt die scheinbar zufällige Reihenfolge der Buchstaben, die auch in anderen Schriftsystemen weitgehend gleich ist?

In unserem ABC und im griechischen Alphabet steht ein Rinderkopf am Beginn der Reihe von Schriftzeichen: A. Dieser Buchstabe hat seinen Ursprung in der abstrakten Zeichnung eines Rinderschädels mit zwei Hörnern im phönizischen Alphabet. Man muss nur den Kopf des Rindes (oder den eigenen) drehen, um die Darstellung zu erkennen. Mit dem Maul nach oben und den Hörnern nach unten wurde das Zeichen vor knapp 3000 Jahren ins Griechische übernommen.

Der phönizische Name wurde beibehalten und griechisch als *Alpha* wiedergegeben.

VOM HAUS ZUM B

Plan eines Hauses (proto-sinaitisch)	Phönizisches Bet	Frühes alt-griechisches Beta	Etruskisches B	Griechisches Beta	Lateinisches B

Nach biblischer Überlieferung waren für die hochschwangere Maria und Josef die Häuser und Herbergen in Bethlehem verschlossen. Von dem phönizischen Buchstaben Beth, der sich aus der stilisierten Darstellung des Grundrisses eines Hauses (*beth* ›Haus‹) herleitet, entwickelte sich das griechische *Beta*, das allerdings durch die Änderung der Schreibrichtung nach rechts ausgerichtet wurde. Daraus entstand wiederum das lateinische *B*.

In der Kabbala, der textbezogenen und mystischen Tradition des Judentums, wird kein Element der heiligen Bücher als zufällig angesehen. Man bemerkte bald, dass sowohl der erste Buchstabe der jüdischen Thora als auch des Korans ein *Beth* bzw. *B* ist. Für das Christentum bedeutend ist der Ort Bethlehem, dessen erste Silbe ›Haus‹ bedeutet. Die zweite Silbe ist jedoch unklar.

DER ZAHN DER ZEIT NAGT NICHT AM ALPHABET

W ש س Шш

Das Zahnzeichen: phönizisch – hebräisch – arabisch – kyrillisch

Es gibt Buchstaben, die nach Drehung oder Weglassen und Dazudenken von einzelnen Strichen auch nach Jahrtausenden noch Ähnlichkeiten zum Ursprung im phönizischen Alphabet erkennen lassen. Manchmal hilft es, sich die Bedeutung der Zeichen im phönizischen Alphabet vor Augen zu halten.

Doch bei den meisten unserer lateinischen Buchstaben, die wir über das Griechische aus dem Phönizischen übernommen haben, ist die Herkunft nicht mehr so deutlich.

Nicht anders ist es mit der kyrillischen Schrift in Russland, Serbien, Bulgarien und anderen Gebieten. Einzig das kyrillische Zeichen ш (für [sch]) ist fast unverändert. Es zeigt wie auch im Hebräischen (ש) und Arabischen (س – rechter Teil des Zeichens) einen Zahn (phönizisch *sin*) mit Furche.

I-TÜPFELREITEREI?

Im Türkischen gibt es İ und I, mit und ohne Punkt

Wenn für Muslime der Ramadan, türkisch *Ramazan*, endet, beginnt das dreitägige Zuckerfest, das *Şeker Bayramı* genannt wird.

Für alle ı-Tüpfelreiter und i-Tüpfelreiterinnen: Den i-Punkt am Ende des obigen Wortes habe ich nicht vergessen; und der unbekannte Gestalter der Werbetafel eines Kebablokals in Klagenfurt hat nach den Schreibregeln seiner Sprache ganz absichtlich auf jedes große I einen Punkt gesetzt: klein *i*, groß *İ*.

Im Türkischen wird nur der Buchstabe mit Punkt (*i*, *İ*) wie unser i in Pizza ausgesprochen. Das punktlose Zeichen (*ı*, *I*) ist in der Phonetik, der Aussprachelehre, ein »ungerundeter geschlossener Hinterzungenvokal«: Man spricht ein *u* und formt dabei die Lippen wie ein I, belässt aber die Zunge an ihrem Platz weiter hinten im Mund. Gelungen?

Das Alphabet des heutigen Türkischen, wie es in der Türkei geschrieben wird, umfasst 29 Buchstaben, wobei jedem Buchstaben exakt ein einziger Laut zugeordnet ist: *a b c ç d e f g ğ h ı i j k l m n o ö p r s ş t u ü v y z*.

Bis zum nächsten Zuckerfest ist noch etwas Zeit zum Üben. Vielleicht hören Sie genau hin, wenn festlich gekleidete Menschen einander »Bayramınız mübarek olsun!« oder »Bayramınız kutlu olsun!« wünschen. Und auch wer den Glückwunsch mit den zwei punktlosen ı im ersten Wort nicht ganz korrekt nachsprechen kann, wird Freude bereiten.

RUMÄNIEN: GESCHICHTSSCHREIBUNG MIT RECHTSCHREIBUNG

Î oder Â? Briefmarken von 1958, 1967 und 2023

Die Landesteile Siebenbürgen, Walachei und Moldau tragen heute den gemeinsamen Staatsnamen Rumänien. Dieser Name ist eine Wiederentdeckung. Nach einer kurzen Erwähnung eines walachischen Fürsten im *Nibelungenlied* (*der herzoge Ramunch vzer Vlâchen lant*), berichteten erst im 16. Jahrhundert päpstliche Gesandte, dass die Bewohner dieser Länder eine Sprache sprechen, die offensichtlich von den Römern abstammt.

Erst Ende des 18. und am Beginn des 19. Jahrhunderts setzte sich langsam die Bezeichnung Rumänien durch. Damals schrieb man die Landessprache noch mit kyrillischen Buchstaben. Erst ab 1862 wurde die lateinische Schrift mit einigen Sonderzeichen eingeführt.

Wie sollte man ›Rumänien‹ schreiben? *Romînia* oder *România*? Î und Â werden gleich ausgesprochen, wie ein weit hinten gesprochenes I! Einer der beiden Buchstaben würde genügen.

Zuvor mit Î üblich, schreibt man seit etwa 1920 den Landesnamen mit Â, um zu verdeutlichen, dass die Rumänen Romanen sind und von den Römern (lat. *romani*) abstammen. Das Eigenschaftswort ›rumänisch‹ (rum. *romîn*) wurde auch 1963 noch mit Î geschrieben.

ALBANIEN, DAS LAND DER SKIPETAREN, HAT ZWEI NAMEN!

Zwei albanische Briefmarken mit unterschiedlicher Schreibweise des Landesnamens: 1944 und 1966

Albanien heisst in der Landessprache Albanisch nicht Albanien. Warum aber sind zwei unterschiedliche Landesbezeichnungen auf den Briefmarken des kleinen Landes zu finden?

Im katholisch geprägten Norden war der Analphabetismus geringer. Deshalb war vorerst die Schreibweise im dort gebräuchlichen gegischen Dialekt vorherrschend und das Land bezeichnete sich in den ersten Jahrzehnten als *Shqipenija* oder *Shqipnia*.

Führende Kommunisten, die 1945 die Macht übernahmen, stammten eher aus dem Süden. Dort, im toskischen Dialekt, dem Südalbanischen, heißt das Land *Shqipëria*. Diese Sprachvariante hat sich durchgesetzt und steht so bis heute auf den Briefmarken.

Die deutsche und internationale Bezeichnung *Albanien* geht entweder auf das präkeltische *alb* (›Hügel‹) oder auf das indogermanische *albh* (›weiß‹) zurück und könnte sich auf das Kalkgestein des Dinarischen Gebirges beziehen.

Für die Albaner hingegen, die sogenannten *Skipetaren*, ist es das Land der Adler, *Shqipe*.

GEGEN DIE RECHTSCHREIBREFORM ZURÜCK AUF PLATZ 1

Am Anfang einer Liste zu stehen ist etwas ganz Besonderes. Mit der Buchstabenkombination *Aab* war die süddänische Stadt *Aabenraa* jahrzehntelang ganz vorne, an der Spitze des Alphabets.

War? Ja, denn die dänische Rechtschreibreform von 1948 machte aus *aa* ein *å*, da ein doppeltes A im Dänischen nicht wie ein langes A, sondern wie ein offenes O klingt. Während Aarhus, heute Århus, sich schnell mit der Schreibreform zufrieden erklärte, gab es in Aabenraa starken Widerstand. Denn nach *z*, *æ* und *ø* steht das *å* ganz am Ende des Alphabets!

Der Kreis auf dem Å lässt sich auf ein kleines O zurückführen. Damit wird angedeutet, dass es sich um einen früher lang gesprochenen A-Laut gehandelt hat, der im Laufe der Sprachgeschichte in Richtung O verdunkelt wurde und heute wie O ausgesprochen wird.

Dänisch heißt der Buchstabe *bolle-å; bolle* bedeutet unter anderem ›Kugel, Knödel, kleines Brot‹.

Jedenfalls war der Widerstand in Aabenraa erfolgreich: Seit einem Ministererlass aus dem Jahr 1984 ist eine lokal übliche Schreibweise wie Aabenraa neben Åbenrå wieder zugelassen. Und Aabenraa, dessen deutsche Minderheit die Stadt Apenrade nennt, ist wieder an der Spitze!

WORTGESCHICHTEN

DIE PALATSCHINKE, EIN EUROPÄISCHES WANDERWORT

Eine rumänische plăcintă

Menschen wandern von Region zu Region, mit ihnen oft Speisen und immer auch Worte: In einem der ältesten erhaltenen lateinischen Werke, *De agri cultura* (›Über den Ackerbau‹), überlieferte Cato der Ältere um etwa 150 v. Chr. das Rezept für einen Kuchen aus mehreren Teigschichten, gefüllt mit Schafkäse und Honig. Die Speise nannte er *placenta*. Darin steckt das griechische Wort πλακόεις (*plakoeis* ›flach‹). Die Speise verbreitete sich im ganzen Römischen Reich; der populäre Name wurde auf ein flaches und nährstoffspendendes Organ, den ›Mutterkuchen‹, übertragen.

Über das Rumänische (*plăcintă*) gelangte das Wort ins Ungarische, *palacsinta*, wo zwei Konsonanten am Wortbeginn nicht möglich sind, aber Milch und Ei Einzug ins Rezept erhielten. Als Wort und Speise über Serbien (палачинка) und Kroatien (*palačinka*) nach Österreich kamen, hängte sich noch eine slawische Verkleinerungssilbe, *-ka* , an. Fertig ist die *Palatschinke*.

Mit dem Wort änderte sich auch die Bedeutung. Wer heute in Rumänien eine *plăcintă* bestellt, erhält einen Auflauf aus mehreren Teigschichten mit Topfen, Faschiertem oder Äpfeln, der dem Rezept Catos noch sehr ähnelt. Unsere Palatschinke kennt man dort als *clătită*.

DIE GOLATSCHE, EINE SÜSSE QUADRATUR DES KREISES

Tschechische koláčky mit Mohn und Powidl

Österreichische Küchenwörter aus dem Tschechischen:

- Buchtel von *buchta*
- Golatsche von *koláč*
- Kren von *křen*
- Powidl von *povidla*

Deutsche Küchenwörter aus dem Polnischen:

- Gurke von *ogórek*
- Quark von *twaróg*

Die Quadratur des Kreises ist ein klassisches Problem der Geometrie. Sie hat auch einen sprachlich-kulinarischen Aspekt.

Die österreichische Golatsche, auch *Kolatsche,* ist im Allgemeinen viereckig und dennoch aus dem tschechischen *koláč* entlehnt, das vom slawischen Wort für ›Rad‹ (*kolo*) abgeleitet ist (tschechisch *kolo*, polnisch *koło*, ukrainisch коло). Das Wort *koláč* (poln. *kołacz* usw.) bedeutet in diversen slawischen Sprachen auch allgemein ›Kuchen‹, ist meist aber ein Gebäck mit ritueller und symbolhafter Bedeutung, zum Beispiel ein rundes, mit Kreuz verziertes Brot, das dem Brautpaar zur Hochzeit überreicht wird.

Heute werden diese Süßspeisen auch im Alltag verspeist. Regional gibt es unterschiedliche Varianten – in Tschechien und Polen sind sie aber immer rund!

DAS JUWEL VORM AUGE: KRISTALLKLAR UND TRANSPARENT?

Die älteste Ansicht von Brillen 1352

Auch undurchsichtige Brillen sind nach einem durchsichtigen Stein benannt

Die Brille zur Korrektur von Sehschwäche wurde wahrscheinlich vom Arzt Petrus Hispanus, ab 1276 Papst Johannes XXI, erfunden. Als Linsen nutzte man geschliffene Halbedelsteine, meist Bergkristalle, die man Berylle nannte, damals Oberbegriff für alle klaren Kristalle bzw. Edelsteine. (Heute zählt man Bergkristalle wie den Smaragd oder den Aquamarin nicht mehr zu den Beryllen.)

Das griechische Wort *beryllos* hat selbst schon eine lange Reise aus dem Orient hinter sich. Es leitet sich vom Namen der südindischen Kleinstadt Belur ab, die ehemals »Juwelenhauptstadt« war. Auch die Begriffe *brillieren* und *Brillant* haben denselben Ursprung. Sonnenbrillen freilich brillieren durch teilweise Undurchsichtigkeit.

IST DER SONNTAG EIN FREITAG?

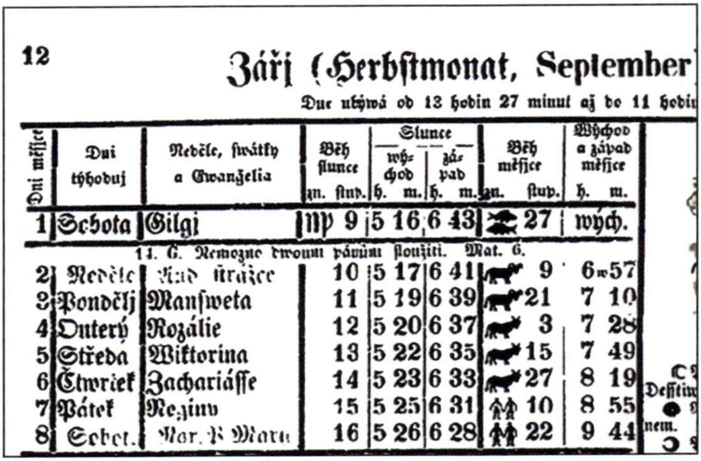

12

Září (Herbstmonat, September)

Due ubýwá od 13 hodin 27 minut až do 11 hodi[n]

Dni měsíce	Dni týhodnj	Neděle, swátky a Ewanjelia	Běh slunce zn.	stup.	Slunce wý-chod h.	m.	Slunce zá-pad h.	m.	Běh měsíce zn.	stup.	Wýchod a západ měsíce h.	m.
1	Sobota	Gilgj	mp	9	5	16	6	43		27	wých.	
		14. 6. Nemožno dwoum pánům sloužiti. Mat. 6.										
2	Neděle	Anděl strážce		10	5	17	6	41		9	6	57
3	Pondělj	Mansweta		11	5	19	6	39		21	7	10
4	Outerý	Rozálie		12	5	20	6	37		3	7	28
5	Středa	Wiktorina		13	5	22	6	35		15	7	49
6	Čtwrtek	Zachariásse		14	5	23	6	33		27	8	19
7	Pátek	Rezinu		15	5	25	6	31		10	8	55
8	Sobot.	Nar. P. Marie		16	5	26	6	28		22	9	44

Ausschnitt aus einem Kalender aus Prag aus dem Jahr 1860

Das Wochenende beginnt für viele Menschen am *Frei*tag und ist arbeits*frei.* Der Zusammenhang zwischen den beiden Wörtern ist rein zufällig: Der Name ist eine Übersetzung des römischen Tagesnamens *dies Veneris*, den Tag der Liebesgöttin Venus. Als die südlichen Germanen die Siebentagewoche von den Römern übernahmen, übersetzten sie ihn mit ihrer als ähnlich wahrgenommenen Göttin Frija, die im Norden Frigg hieß. Sie war Schutzherrin der Ehe und Mutterschaft und wird oft mit Freya, der germanischen Liebesgöttin, verwechselt oder gleichgesetzt.

Auch wenn die Sonne nicht scheint, endet das Wochenende am *Sonn*tag, eine Übersetzung aus dem Lateinischen *dies Solis*, ›Tag der Sonne‹. Doch nur in den slawischen Sprachen ist der Sonntag ein echter *Frei*tag. Er heißt zum Beispiel kroatisch *nedjelja*, polnisch *niedziela*, bulgarisch неделя (*nedelja*). *Ne* ist die Verneinung, im zweiten Wortbestandteil steckt die ›Arbeit‹ (kroat. *djelo*, poln. *dzieło*, bulg. дело / *delo*). Der Sonntag ist der ›Nicht-Arbeitstag‹! Im Russischen hingegen bezeichnet dasselbe Wort *nedelja* (неделя) gleich die ganze Woche – ein Schelm, wer Böses dabei denkt.

ANTON – BERTA – CÄSAR – DORA – EMIL: ODER DOCH STÄDTE?

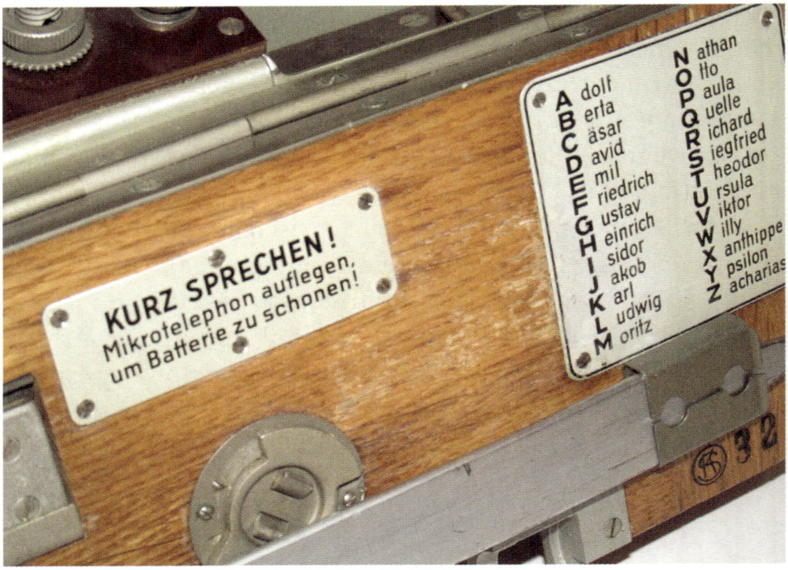

Eine deutsche Buchstabiertabelle auf einem Feldtelefon aus dem Zweiten Weltkrieg – teilweise noch mit den vermeintlich jüdischen Namen

Bei einer Autopanne im Nordenwesten Italiens sagt der Mechaniker vom Pannendienst, er müsse die geeignete Autobatterie erst aus der Stadt holen. Als er telefoniert, höre ich zu meinem Entsetzen die Namen sehr weit entfernter Städte wie *Bologna*, *Napoli*, *Roma* und *Udine*. Schließlich wird die Batterie aus dem nahen Brescia angeliefert, denn BNRU ist bloß die übermittelte Produktbezeichnung – die italienische Buchstabiertabelle funktioniert mit Städtenamen!

Auch die deutsche Buchstabiertabelle ist nicht frei von Politik: Um jüdische Vornamen ungesehen und ungehört zu machen, wurde vom nationalsozialistischen Regime 1934 eine neue Tabelle eingeführt: Aus *David* wurde *Dora*, aus *Nathan Nordpol*, aus *Samuel Siegfried* usw.

Die meisten Sprachen verwenden heutzutage Vornamen, nur in wenigen Ländern wird heute mit einheimischen Städtenamen buchstabiert:

- Italien: *Ancona – Bologna – Como – Domodossola – Empoli ...*
- Slowenien: *Ankaran – Bled – Celje – Čatež – Drava – Evropa ...*
- Portugal: *Aveiro – Braga – Coimbra – Dafundo – Évora ...*
- Türkei: *Adana – Bolu – Ceyhan – Çanakkale – Denizli – Edirne ...*

Auch diese Aufzählung ist nicht unpolitisch: Das italienische Z heißt *Zara*, heute Zadar in Kroatien. Im Serbischen nimmt man noch immer Bezug auf die gesamtjugoslawische Geografie: *Jadran* (›Adria‹), *Kosovo, Lovćen* ... Darüber hinaus gibt es eine standardisierte Tabelle der *Internationalen Zivilluftfahrtorganisation* (ICAO) mit Wörtern, die in sehr vielen Sprachen vorkommen, sogenannten Internationalismen: *Alfa – Bravo – Charlie – Delta – Echo ...*

IRRWEGE IM IRISCHWÖRTERBUCH

Auf Reisen in eines der wenigen keltischsprachigen Gebiete am westlichen Rand Europas – Irland, Schottland, Wales, Bretagne – findet man niemanden, mit dem man nicht Englisch oder im letzteren Fall Französisch sprechen könnte. Ich will dennoch selbst herausfinden, was auf Schildern und Aufschriften zu lesen ist. Hilft der Griff zum Wörterbuch?

In allen gängigen Schulsprachen ist der erste Buchstabe eines Wortes so gut wie unveränderlich: *head, heads, head-down, head office, head set* usw., ganz egal welches Wort davorsteht: *a head, the head, my head, your head, her head* ... Das macht Wörter im Wörterbuch auffindbar.

Nicht so im Irischen und Walisischen: Besonders das Walisische will nicht in meinen Kopf – in deinen, in ihren? *fy mhen* (›mein Kopf‹), *dy ben* (›dein Kopf‹), *ei phen* (›ihr Kopf‹) findet man im Wörterbuch unter *pen* (›Kopf‹)! Wer die entsprechende Regel lernen möchte, findet sie in einer walisischen Grammatik unter *treigladau*. Auf Deutsch nennt man dieses Phänomen Anlautmutation. Sie nicht zu verstehen ist kein Grund für einen roten Kopf. Auch nicht für einen weißen.

Die Pinguine der Südhalbkugel sind nämlich sprachlich gesehen weißköpfige Waliser: *pen* ›Kopf‹, *gwyn* ›weiß‹. In Europa berichteten wohl walisische Walfänger als Erste von diesen Vögeln.

NAMENSGESCHICHTEN

FAKE NEWS ÜBER ISLAND?

Für den harten Winter muss man im Eisland gerüstet sein

Nach einer isländischen Überlieferung gab im 9. Jahrhundert Flóki Vilgerðarson, einer der ersten Wikinger, die sich in Island niederließen, der Insel ihren heutigen Namen. Flóki ist auch als *Hrafna-Flóki*, deutsch ›Raben-Flóki‹, bekannt.

Die Legende besagt, dass er im ersten Sommer nach seiner Ansiedlung zu nachlässig war, um genug Heu für den Winter einzubringen. Der Winter wurde hart, und er verlor all sein Vieh. Enttäuscht kehrte er nach Norwegen zurück, wo er das Land als ›Eisland‹ negativ darstellte. Flóki selbst soll viele Jahre später nach Island zurückgekehrt sein und dort sein restliches Leben verbracht haben.

Der warnende Name blieb; für Englischsprachige (*Iceland*) und die Einheimischen in Island (*Ísland*) ist er bis heute ein sprechender Name und ganz leicht zu verstehen.

Warum aber heißt *Is*land nicht *Eis*land? Bei der sogenannten neuhochdeutschen Diphthongierung (Zweilautentstehung) wurden vom Südosten des deutschen Sprachraums (Kärnten, Steiermark) ausgehend ab dem 12. Jahrhundert *î, û* und *iu* (gesprochen: *ü*) zu *ei, au* und *eu/äu*. Manche Eigennamen wie zum Beispiel Island waren davon nicht betroffen.

Im Norden (Norddeutschland) und Westen (Schweiz) blieb es bei den einfachen Lauten, ebenso in den meisten anderen germanischen Sprachen. In einigen Teilen der Schweiz heißt das Eis bis heute *Ys*; die Zeitung ist *Zytig*.

NUR EIN HAUS IM GANZEN LAND?

WELCHES LAND HAT seinen Namen von einem einzigen Haus und ist doch der am dichtesten besiedelte Staat der Erde?

Die alten Griechen nannten ihre Kolonie *Mónoikos* (μόνοικος), ›Einzelhaus‹, bestehend aus den Wortbestandteilen μόνος/*mónos* (›einzeln‹) und οἶκος/*oîkos* (›Haus‹). Heute heißt das Land Monaco.

Heute drängen sich in Monaco rund 38 000 Menschen auf nur etwas mehr als zwei Quadratkilometern. (Darauf folgen Singapur, dann die Malediven und Bahrein)

Im gesamten Mittelmeerraum, auch rund um das Schwarze Meer, gründeten griechische Stadtstaaten ab etwa 800 v. Chr. Kolonien. Diese waren selbständige Stadtstaaten (Polis) und den jeweiligen Mutterstädten (Metropolis) freundschaftlich verbunden.

Griechischer Name	**Bedeutung des Namens**	**Heutiger Name**	**Heutiger Staat**
Ankón/Ἀγκών	Ellenbogen	Ancona	Italien
Kallipolis/ Καλλίπολις	Schöne Stadt	Gelibolu/ Gallipoli	Türkei
Neápolis/ Νεάπολις	Neue Stadt	Napoli/Neapel	Italien
Níkaia/Νίκαια	Die Siegreiche	Nice/Nizza	Frankreich
Olbía/Ὀλβία	Die Glückliche	Olbia	Italien (Sardinien)
Trapezoús/ Τραπεζοῦς	(Flach wie ein) Tisch	Trabzon/ Trapezunt	Türkei
Tripolis/ Τρίπολης	Dreistadt	Tripolis	Libyen

Bis heute tragen einige von ihnen einen Namen, der den griechischen Ursprung erkennen lässt.

JENSEITS VON AFRIKA

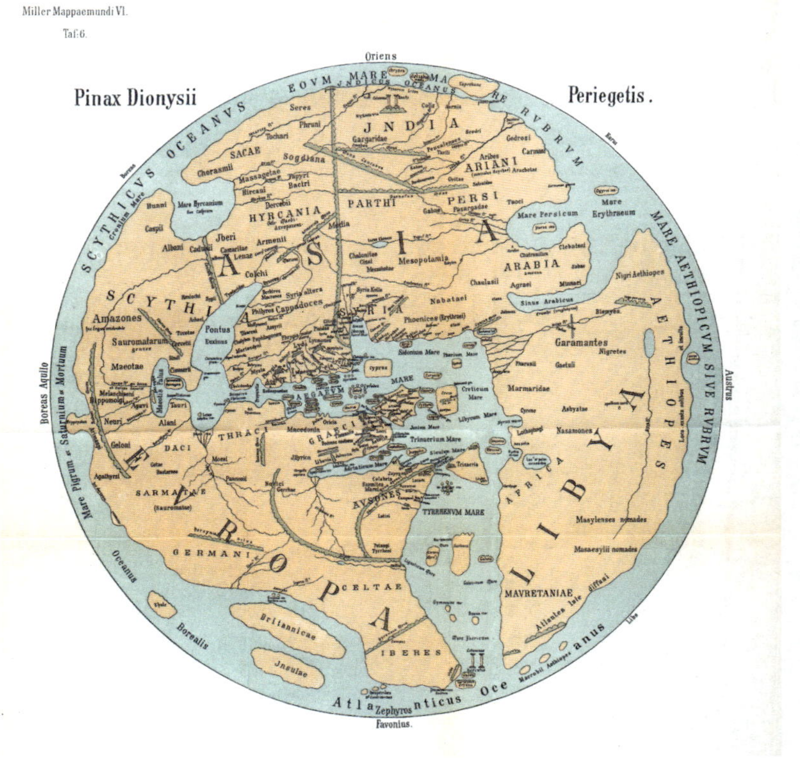

Die rekonstruierte Weltkarte des Dionysios von Alexandria. Der griechische Geograph beschrieb um 124 n. Chr. die damals bekannte Welt rund um das Mittelmeer – oben Asien, links unten Europa und rechts unten Afrika, genannt Libyen. Überall finden sich Ländernamen, die bis heute gebräuchlich sind

Africa war in der Antike der lateinische Name einer römischen Provinz, die großteils im heutigen Tunesien und im Westen von Libyen lag. *Libya* war hingegen die Bezeichnung für den ganzen Erdteil außer Ägypten. Heute ist es genau umgekehrt: Der Staat Libyen ist ein Teil von Afrika.

Innerhalb des Kontinents tragen zwei Staaten *Afrika* in ihrem Namen: die Zentralafrikanische Republik und die Republik Südafrika. Beide liegen südlich der Sahara und weit jenseits dessen, was zur Römerzeit *Africa* war.

Auch in Asien und Europa gibt es Gebiete, die bis heute die antiken Namen tragen: *Arabien, Syrien, Persien, Indien, Griechen*land (*Graecium*), *Britannien* ...

SPANIENS UNZOOLOGISCHER LANDESNAME

Klippschliefer: Namensgeber für ein Land, in dem sie nie heimisch waren

Aus dem heutigen Libanon kommend besiedelten die Phönizier vor fast 3000 Jahren zuerst Karthago, unweit vom heutigen Tunis, und später auch die europäischen Küsten des Mittelmeeres.

Auf der Iberischen Halbinsel sahen sie in großer Zahl Tiere, die damals in Afrika noch nicht heimisch waren: Kaninchen. Sie hielten sie aber für Klippschliefer, die sie aus den Wüsten und Felsgebieten des Vorderen Orients kannten, und benannten das Land nach ihnen *I-Shephanim* (›Land der Klippschliefer‹). Daraus wurde lateinisch *Hispania*, später *España* und *Spanien.*

Die Sprache der Phönizier war dem Hebräischen recht ähnlich. Auf Hebräisch heißt das Land heute noch (bzw. wieder) סְפָרַד (*s'farád*). Auch die Bezeichnung *Sepharden* für jene Juden, die von der Iberischen Halbinsel stammen und von dort im 15. und 16. Jahrhundert vertrieben wurden, erinnert noch immer an das Land der Klippschliefer.

SILBERLAND UND KUPFERINSEL

Die Kupferinsel Zypern

Nicht nur Städte wie Salzburg, Eisenerz und Bleiburg sind nach Bodenschätzen benannt, sondern auch zwei Staaten:

Wo heute *Argentinien* ist, suchten die frühen Eroberer nach sagenhaften Silberschätzen, vor allem rund um den *Río de la Plata* (spanisch für ›Silberfluss‹) – allerdings vergeblich. Das lateinische Wort für ›Silber‹, *argentum,* wurde dennoch zum Ursprung für den Namen des Staates.

Zypern war in der Bronzezeit Hauptlieferant für Kupfer. Doch ist nicht ganz sicher, ob die Insel nach dem Metall benannt wurde oder – wahrscheinlicher – das Metall nach der Insel. Die Römer nannten es *Aes Cyprium* (›zyprisches Erz‹), später *cuprum,* woraus unser Wort *Kupfer* wurde. Bevor der Mensch Bäume für die Gewinnung von Kupfer großflächig abholzte, waren weite Teile Zyperns dicht bewaldet.

Auch die beiden chemischen Elementsymbole für Silber (Ag) und Kupfer (Cu) erinnern an die Ländernamen.

LICHT – LICHTER – LIECHTENSTEIN

Die namensgebende Burg in Maria Enzersdorf in Niederösterreich

Ein gewisser Hugo, dessen Besitzungen bei Petronell östlich von Wien lagen, ließ um 1130 eine Burg auf einem auffallend hellen Felsen bei Maria Enzersdorf erbauen. Nach diesem wurde er Hugo von Liechtenstein (Huc de Lihtensteine) genannt. Er wurde Stammvater jenes Adelsgeschlechts, das seit 1719 das jetzige Fürstentum Liechtenstein regiert.

Liechtenstein ist das einzige europäische Land, das den gleichen Namen trägt wie seine Monarchenfamilie. Es ist außerdem eines von weltweit nur zwei doppelten Binnenländern, das heißt, sie sind ausschließlich von weiteren Binnenländern umgeben.

Wie kam das Land zum langen I, dem *ie*?

Das deutsche Wort *Licht* wurde bis ins 17. Jahrhundert ebenso *Liecht* geschrieben und als »liacht« ausgesprochen, so wie in vielen süddeutschen und österreichischen Dialekten. Im Namen des Adelsgeschlechts und dann des Staates blieb die alte Schreibung erhalten, weil die Fürstenfamilie sie als Unterscheidungsmerkmal zu anderen Adelsgeschlechtern bewahrte.

WO BITTE IST ITÄVALTA?

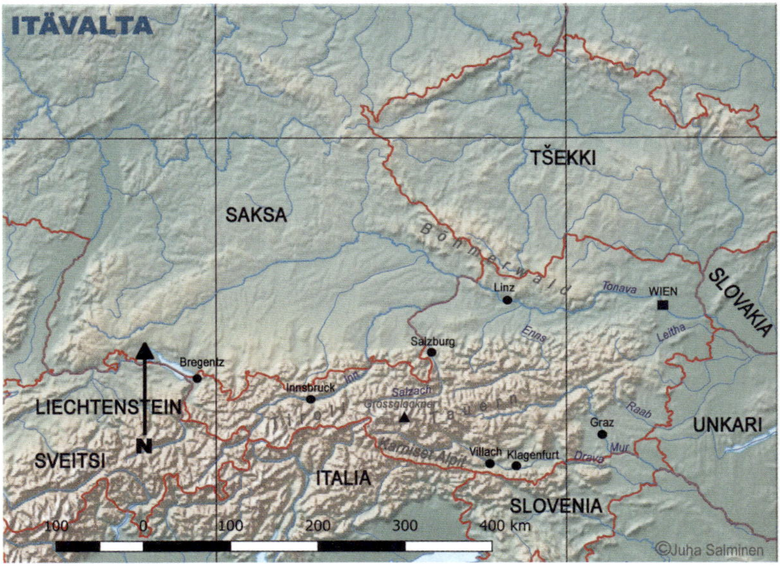

Wien am Fluss Tonava ist die Hauptstadt von Itävalta

Auf meinem Reisepass steht *Republik Österreich* und ein paar Seiten weiter *Republic of Austria*.

So ähnlich heißt das Land in fast allen Sprachen: *Austria* (lat., ital., span., poln., rumän.), *Áustria* (port.), *Ausztria* (ung.), *Avstrija* (slowen.) usw. Nur die Tschechen sprechen von unserem Land als *Rakousko,* was auf den Namen einer Grenzfestung (*Rakús* bzw. *Ratgoz*) zurückgeht.

Althochdeutsch **austar-* bedeutete ›östlich‹. Die Ähnlichkeit mit dem lateinischen *terra australis* für das ›Südland‹ Australien ist eher zufällig. Ob unser Land wirklich seine Bezeichnung dem Osten verdankt, wird übrigens von einem Slawisten angezweifelt: Dieser (Otto Kronsteiner) hielt es für möglich, dass *Ostarrichi* auf slawisch *ostrik*, ›der spitze Berg‹, zurückgeht.

Der Name *Ostarrichi* bzw. *Österreich* lebt in den meisten germanischen Sprachen weiter: *Østrig* (dän.), *Østerrike* (norw.), *Österrike* (schwed.), *Eysturríki* (färöisch), *Oostenrijk* (niederl.).

Die Finnen aber nennen unser Land *Itävalta*: *itä* bedeutet ›Osten‹, und wer beim zweiten Wortteil, *valta,* an ›(ver-)walten‹ denkt, liegt nicht falsch: *valta* heißt ›Land‹.

EIN KÖNIGREICH FÜR EIN BIER – ODER EIN GEFÄNGNIS?

Das beliebte kroatische Bier hat etwas mit dem Namen des Grazer Hochsicherheitsgefängnisses gemein

Nach zahlreichen Monarchen sind Länder oder Städte benannt, zum Beispiel der Inselstaat *Philipp*inen nach König Philipp II. von Spanien (1527–1598).

Sein Cousin Karl II. von Innerösterreich (1540–1590) residierte in Graz. Karls Lustschloss *Karl*au ist heute die Justizanstalt Graz-*Karl*au, auch die Festungsstadt *Karl*ovac in Kroatien hat von ihm ihren Namen erhalten. Dort steht eine Brauerei, in der das bekannteste kroatische Bier, *Karlovačko pivo*, gebraut wird.

Ebenso nach ihm (und nach seinem Nachfahren, dem österreichischen Kaiser Franz I., der rund ein Vierteljahrtausend später lebte) benannt ist die unter seiner Herrschaft erstmals gegründete *Karl*-Franzens-Universität in Graz.

SECHS ALTE UND VIER NEUE STÄDTENAMEN IN DREI MONATEN

Die Rue de Presbourg in der Nähe des Triumphbogens in Paris hat ihren Namen nach dem für Frankreich günstigen Frieden von Pressburg vom 6. Dezember 1805 in den Napoleonischen Kriegen

Die heutige slowakische Hauptstadt gehörte bis 1918 zu Ungarn, von 1536 bis 1783 war sie ungarische Hauptstadt. Der damals amtliche Name war (1) *Pozsony*, die deutschsprachige Bevölkerungsmehrheit nannte die Stadt (2) *Pressburg*, slowakisch wurde sie (3) *Prešporok*, tschechisch (4) *Prešpurk* genannt. In den kroatischen Dörfern der Umgebung hieß sie (5) *Požun*. Daneben fand noch der gelehrte Name (6) *Istropolis*, ›Donaustadt‹, Verwendung.

Kurz nach dem Ersten Weltkrieg erhielt sie den Namen (7) *Wilsonovo Mesto* (›Wilson-Stadt‹) oder (8) *Wilsonovo*, nach dem amerikanischen Präsidenten Woodrow Wilson, der das Selbstbestimmungsrecht der Völker proklamierte. Ab dem 22.2.1919 hieß sie (9) *Bratislav* nach dem böhmischen Herzog Břetislav I., am 27.3.1919 schließlich (10) *Bratislava*. Gleichzeitig wurde der neue Name gesetzlich für »unübersetzbar« erklärt und der Gebrauch der historischen Namen unter Strafe gestellt. Offensichtlich wurde das Gesetz nicht lückenlos verfolgt.

Die Mehrsprachigkeit blieb trotz Verbot: Die *Preßburger Zeitung* erschien unter diesem Namen bis 1929, und die ungarische Minderheit verwendet bis heute den Namen *Pozony*.

CHAMPAGNER – EH NUR EIN LANDWEIN?

Champagner-Regal in einem französischen Supermarkt

Die Champagne ist eine Landschaft und historische Provinz im nordöstlichen Frankreich. Die Champagne ist seit dem 17. Jahrhundert berühmt für den Champagner, (*vin de*) *Champagne*. Doch ausschließlich Schaumwein aus der Champagne darf Champagner genannt werden!

Der weitaus größte Teil ist jedoch landwirtschaftlich fruchtbares Ackerland. Die Nutzung des Landstrichs war namengebend: Französisch *champ* (aus lateinisch *campus*) bedeutet ›Feld‹. Vom gleichen Wortstamm hat übrigens die italienische Region Kampanien (italienisch *Campania*) rund um Neapel ihren Namen.

Somit ist dieses Getränk eigentlich auch nur ein Landwein, wenngleich ein sehr teurer und durch das Markenrecht gesetzlich geschützter. Bis Anfang der 1990er Jahre war auf manchen Flaschen Schaumwein noch der Ausdruck *méthode champenoise* als Hinweis auf die Flaschengärung erlaubt. Seither ist jeglicher Ausdruck, der an Champagner erinnert, für Produkte mit anderer Herkunft streng verboten. Nur Russen und Belarussen halten sich nicht an dieses Verbot und nennen den Krimsekt nach wie vor *Šampanskoe*, häufig *Sovetskoe šampanskoe*, also sowjetischen Champagner.

REIS UND RIESEN IN DER STEIERMARK

Holzriesen wie diese prägten das Landschaftsbild in steilen Waldgebieten und wurden zum Namensgeber für Orte oder Gebirge

Oft sind Ortsnamen Hinweise auf frühere wirtschaftliche Aktivitäten: Über das *Salzstiegl* wurde Salz von der Obersteiermark in die Weststeiermark transportiert, in *Weinburg* am Saßbach in der Südsteiermark wächst Wein, auch in *Weinitzen* bei Graz betrieb man wahrscheinlich Weinbau.

Warum aber heißt ein kleiner steirischer Ort südöstlich des steirischen Judenburg *Reisstraße*? Der Ausdruck zeigt den Waldreichtum an: Dort gab es in vorindustrieller Zeit sogenannte Holz*riesen*, hölzerne Rutschen zum Abtransport der geschlagenen Baumstämme. Davon hat auch der Grazer Stadtbezirk *Ries* seinen Namen, ebenso vermutlich das *Riesengebirge* in der Tschechischen Republik.

Das Gehölz zählt zu den produktivsten Namenselementen: In ganz Österreich finden sich rund hundert Ortsnamen mit *-wald* sowie einige mit dem Element Holz (*St. Peter im Holz, Holzmannsdorfberg* usw.). *Holz* ist eine alte Bezeichnung für den Wald, und dort befinden sich Holzwege ...

BILDERSTURM AM MILLSTÄTTER SEE

Herzog Domitian von Kärnten wirft 1000 heidnische Statuen in den Millstätter See, Statue von Giorgio Igne in Millstatt

Der Sage nach soll der Karantanen-Herzog Domitian (747 oder 748–814), ein slawischer Edler, der zur Zeit Kaiser Karls des Großen lebte, das Stift Millstatt gegründet haben. Er gilt nicht nur als Begründer der Kirche von Millstatt, sondern beteiligte sich der Legende nach tatkräftig an der Christianisierung des Landes: Nach seiner Bekehrung zum christlichen Glauben ließ er tausend heidnische Götzenstatuen (lat. *mille statuae*) in den See werfen. Danach ließ er die Kirche, die ursprünglich den tausend Götzen geweiht war, zu Ehren aller Heiligen weihen. Welchen Götzenkult würde er heutzutage in der Versenkung verschwinden lassen?

Die sprachliche Herleitung aus der Sage erscheint zwar schlüssig, tatsächlich verdankt Millstatt seinen Namen aber dem Bergbach Mils. In der Erzählforschung werden Sagen, Legenden und Mythen, die auf einen Ursprung – in diesem Fall des Namens – hinweisen, als ätiologisch bezeichnet.

GENUG ZASTER IN EISENSTADT?

Zweisprachige Zeitschrift des Vereins ›Roma Service‹ in Deutsch und im Romani-Dialekt der Burgenland-Roma

Die Hauptstadt des Burgenlandes ist nicht als Bankenmetropole bekannt.

Seit 1993 ist die Sprache Romanes oder Romani in Österreich als Volksgruppensprache anerkannt.

Mit den Menschen, den Roma und Sinti, kam ihre Sprache – Romanes oder Romani – vor mehr als 500 Jahren aus Indien ins östliche Bundesland. Oftmals lassen sich Romani-Wörter bis heute auf die altindische Sprache, das Sanskrit, zurückführen und haben Ähnlichkeit zu heutigen indischen Sprachen.

Im Deutschen gibt es nur vereinzelte Romani-Wörter. Eines davon ist der *Bock* im Sinne von ›Lust haben, etwas zu tun‹ von *bokh,* ›Hunger‹ (Sanskrit: बुभुक्षा/*bubhukṣā*). Das *Kaff,* ›unbedeutendes Dorf‹, hat seinen Ursprung im gleichbedeutenden *gav* (Hindi गाँव/gā:v). Dazu kommt noch, dass auch im Rotwelsch-Jiddischen das Wort *kefar* ein Dorf bezeichnet; dieses stammt von hebräisch *kafar,* ›Dorf‹, ab.

Der Ausdruck *Zaster* (für ›Geld‹) aus *saster* oder *srasta* (›Eisen‹, altindisch शस्त्र/*śastra*). *Srasta* ist deshalb auch die Romani-Bezeichnung für ›Eisenstadt‹. (Man sagt auch *Tikni Marton*: ›Klein-Martin‹, eine Übersetzung des ungarischen *Kismarton.*)

EIN FELS, ABER KEIN WILDTIERBAD

Reste der Burg Kamenica in der nordöstlichen Slowakei

Der weststeirische Ortsname *Bad Gams* hat natürlich nichts mit dem Waschen von Wildtieren zu tun. Grundlage des Namens ist *kamenica*, die slawische Bezeichnung für ›kleiner Fels‹.

Auch anderswo im deutschen Sprachraum waren kleine Gesteinsformationen so markant, dass man Orte nach ihnen benannte, zum Beispiel *Chemnitz* in Sachsen. Zu Zeiten der DDR (1949 bis 1990) hieß die Stadt allerdings Karl-Marx-Stadt.

Zwischen Bad Gams und Chemnitz liegt gut ein Dutzend Orte namens *Kamnica* (Gams; bei Maribor in Slowenien), *Kamenice* (Tschechien), *Kamenica* (Slowakei) oder *Kamienica* (Polen).

Durch die Nähe zum slawischen Sprachraum gibt es noch andere ähnliche Namen in Ostdeutschland und der Steiermark:

Görlitz (D) – *Goritz* (A) von *gora* (›Berg‹)

Leipzig (D) – *Leibnitz* (A) von *lipa* (›Linde‹)

Ein *Rostock* (slaw. *raztok* – ›Auseinanderfluss‹) gibt es in der Steiermark und in Mecklenburg-Vorpommern. Das steirische Rostock, eine Katastralgemeinde von Deutschlandsberg, hat aber nur 78 Einwohner.

EINKAUFSSAMSTAG

In Mitteleuropa gibt es viele Orte, die das Wort für ›Samstag‹ im Namen führen. Dort wurde früher ein Wochenmarkt regelmäßig am Samstag abgehalten:

- *Szombathely* (übersetzt: ›Samstagort‹, dt. Steinamanger) in Ungarn
- *Subotica* in Serbien
- *Murska Sobota* (dt. Olsnitz) in Nordostslowenien
- *Sobotka* (dt. *Saboth*) und *Sobotín* (dt. *Zöptau*) in Tschechien
- *Rimavská Sobota* und *Spišská Sobota* in der Slowakei und schließlich auch
- *Soboth* (slowenisch *Sobota*) in der südwestlichen Steiermark an der slowenischen Grenze

Gibt es im Ort *Soboth* noch einen Nahversorger oder einen Wochenmarkt? Die Namen der Wochentage sind in der Geografie nicht gleichmäßig verteilt: Es gibt auch »Mittwochorte« (slowakisch *streda*, slowenisch *sreda*, ung. *szerda*, rum. *miercuri*): *Dunajská Streda* (ung. *Dunaszerdahely*) in der Slowakei, *Podsreda* (dt. Horberg) in Slowenien, *Miercurea Ciuc* (ung. *Csíkszereda*) in Rumänien und *Tótszerdahely* in Ungarn. *Sonntag* ist eine österreichische Gemeinde in Vorarlberg.

AUS DER GRAMMATIK

ZWEISAMKEIT IN SLOWENIEN

		Einzahl	Zweizahl	Mehrzahl
1. Person ich – wir	männl.	*jaz*	*midva*	*mi*
	weibl.		*medve/midve*	*me*
2. Person du – ihr	männl.	*ti*	*vidva*	*vi*
	weibl.		*vedve/vidve*	*ve*
3. Person er – sie	männl.	*on*	*onadva*	*oni*
3. Person sie – sie	weibl.	*ona*	*onedve/onidve*	*one*
3. Person es – sie	sächl.	*ono*	*onedve/onidve*	*ona*

Das deutsche Wort ›wir‹ lässt sich vierfach übersetzen:

- wir zwei (männlich) *midva*
- wir zwei (weiblich) *medve/midve*
- wir drei oder mehr (männlich) *mi*
- wir drei oder mehr (weiblich) *me*

Von 1991 bis 2006 war der *Tolar* das offizielle Zahlungsmittel in Slowenien. Der Name ist abgeleitet von *Taler*.

Dagobert Duck hätte also nicht nur in Entenhausen Taler zählen können. Wie aber hätte er gezählt, wenn er unserer Nachbarsprache Slowenisch mächtig gewesen wäre? *en tolar, dva tolarja, trije tolarj, štirje tolarji ...*

Es gibt eine eigene Endung für die Zweiheit, den Dual. Diesen Dual gab es in einigen ausgestorbenen Sprachen, zum Beispiel im frühen Altgriechisch, im Gotischen und Altkirchenslawischen; heute in Europa nur noch im Slowenischen, Sorbischen und im Maltesischen wie auch im Hebräischen und Arabischen.

Dualendungen kennt das Slowenische auch beim Zeitwort: ›Wir gehen‹ heißt *gremo*, ›wir zwei gehen‹ *greva*.

Wie zählt der Geizhals Dagobert weiter? *pet tolarjev – šest tolarjev* ... Diese Endung ist aber keine ›Supermehrzahl‹ für höhere Zahlen, sondern ein 2. Fall Mehrzahl: ›fünf der Taler, sechs der Taler ...‹ Bei drei und vier kommt hingegen der 1. Fall der Mehrzahl zum Einsatz: *trije tolarji*.

Was auf den ersten Blick einfach zu sein scheint (Einzahl – Mehrzahl), ist nicht universell. Es gibt zum Beispiel auch Sprachen (vor allem in Ost- und Südostasien), die keine Einzahl- und Mehrzahlform eines Wortes kennen. Nur wenn ein Zahlwort oder ein Begriff wie ›viele‹ oder ›wenige‹ vorangestellt wird, ist klar, dass es sich um eine größere Menge als eins handelt.

FRAGEN ÜBER FRAGEN

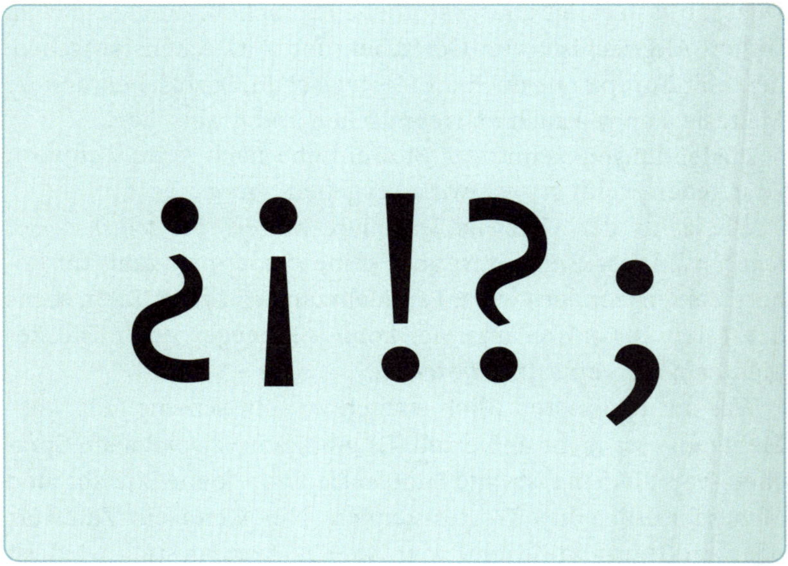

Frage- und Rufzeichen in verschiedenen Sprachen

Im Deutschen erkennt man Fragen an der veränderten Satzmelodie: Am Ende geht die Stimme hinauf. Außerdem vertauscht man Subjekt und Prädikat.

Andere Sprachen, anderes Fragen – schriftlich und in der Grammatik:

Das spanische Fragezeichen steht (wie auch das Rufzeichen) zusätzlich am Beginn des Satzes, allerdings »auf dem Kopf«: *¿Estás en casa?* (›Bist du zu Hause?‹) Dieses Satzzeichen wurde von der *Real Academia Española,* der Königlichen Akademie für die spanische Sprache, 1754 eingeführt, um Vorlesenden vorab anzuzeigen, wie man längere Fragen richtig intoniert.

Im Griechischen verwendet man das Semikolon, den Strichpunkt, als Fragezeichen.

In einigen Sprachen gibt es auch für Ja/Nein-Fragen ein einleitendes Fragewort. Die Frage ›Bist du zu Hause?‹ lautet mit dem polnischen Fragewort *czy:*

Czy jesteś w domu?

oder mit slowenisch *a(li)*

Ali si doma?

Das ursprünglich slowenische *A* kann man auch in Kärntner Dialekten hören: *A bist daham? A kumst du moagn?*

INSELKELTEN AM FESTLAND

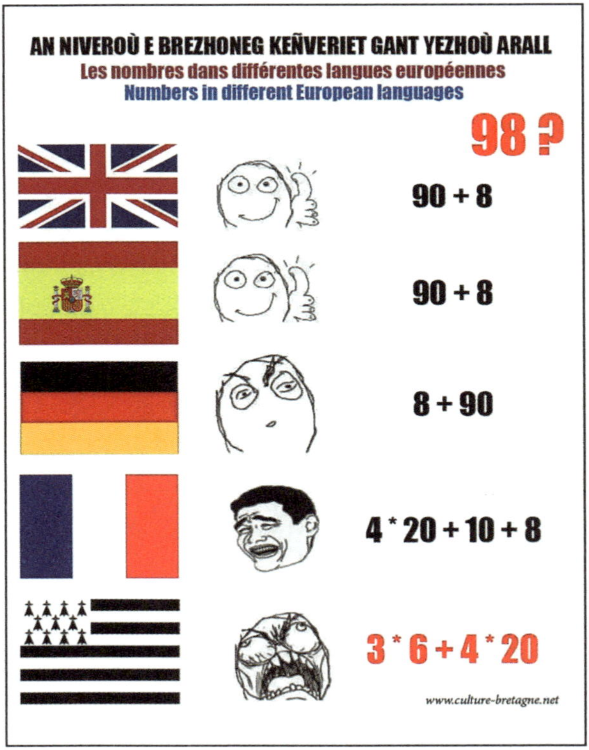

Das Zahlwort für 98 in fünf verschiedenen Sprachen auf einer Website zur bretonischen Kultur

Im Äussersten Westen Frankreichs, wo das berühmte gallische Dorf von Asterix und Obelix liegt, spricht man Bretonisch, rundherum Französisch. Ein solches Sprachgebiet, das von nur einem anderssprachigen Gebiet umgeben ist, heißt Sprachinsel.

Bretonisch gilt überdies als inselkeltische Sprache. Das aber hat mit der Sprachinsel nichts zu tun, sondern mit der Herkunft seiner Sprecherinnen und Sprecher: Deren Vorfahren kamen aus (Groß-)Britannien und siedelten sich im kleinen Britannien, der *Bretagne*, an.

Am 5. November 1499 erschien das *Catholicon* als ein bretonisch-lateinisch-französisches Wörterbuch. Es umfasst 6000 Einträge und ist sowohl das früheste bretonische als auch das erste französische Wörterbuch.

Eine Schwierigkeit im Französischen, das Zählen von 70 bis 99, beruht auf einer bretonischen Besonderheit: dem Zählsystem auf der Basis 20. Daher heißt 40 *daou-ugent* (2 × 20), 60 *tri-ugent* (3 × 20) und 80 *pevar-ugent* (4 × 20). 50 ist *hanter-kant* (›ein halbes Hundert‹); 70 und 90 werden wie im Französischen als 10 plus Vielfaches von 20 gebildet: *dek ha tri-ugent* (›zehn und dreimal zwanzig‹) und *dek ha pevar-ugent* (›zehn und viermal zwanzig‹).

Ich stelle mir gerade vor, wie Obelix die erbeuteten Römerhelme zählt …

KATERINNEN?

Zusatztafeln für Katzen und Kater

Am Rande des Katzendorfs Sensole auf der Insel Monte Isola im Iseosee fällt auf, dass die italienischen Katzentiere in der Grammatik grundsätzlich männlichen Geschlechts sind, auch die Katze: *gatto*, Mehrzahl *gatti*.

Bei uns ist es umgekehrt: alle Kater sind Katzen, aber nicht alle Katzen sind Kater. Das Genus, das grammatische Geschlecht (englisch *gender*), lässt keine eindeutigen Rückschlüsse auf das biologische zu.

Bei den biologischen Geschlechtern ist ein 50:50-Verhältnis anzunehmen. Aber in der deutschen Grammatik, wo es drei Geschlechter/Genera gibt, ist laut Duden die relative Mehrheit der Substantive weiblich: 46 % feminin, 34 % maskulin, 20 % neutral. Im Italienischen sind 52 % der Substantive männlich, 48 % weiblich.

ORDNUNG MUSS SEIN

Die Bantusprachen im südlichen Afrika zeigen ein faszinierendes System, um den Wortschatz zu strukturieren, die sogenannten Nominalklassen.

Je nach Bedeutungsgruppe beginnen die Worte mit einer bestimmten Vorsilbe. Im Landesnamen *Burundi* zeigt die Vorsilbe *bu-* an, dass es sich um ein Land handelt, das ›Land der Rundi‹. *Ki-* ist Kennzeichen für die ›Sprache der Rundi‹, also *Kirundi*. *Barundi* sind dann die Menschen, die das Land bewohnen.

Die Vorsilbe *ba-* zeigt sich auch im Wort *Bantu*. Es bezeichnet ›Menschen‹ (*ba-ntu*). Ein einziger Mensch ist *mntu*. Die Sprache der Bantu sollte eigentlich *Kintu* heißen, doch hat sich dieser Begriff nicht durchgesetzt.

Eine dergestalte Einteilung der Welt nach grammatischen Kategorien ist in Europa nicht bekannt.

SPRACHGESCHICHTEN

DAS KOMMT MIR SPANISCH VOR

Das für Spanisch typische Ñ

Nicht immer versteht man nur Bahnhof, manchmal kommt einem etwas einfach nur Spanisch vor. Der Ausdruck stammt wahrscheinlich aus der Zeit Kaiser Karls V. (16. Jahrhundert). Damals lebten an den Höfen, zum Beispiel in Wien und Prag, viele spanische Adelige und Höflinge, die von der Bevölkerung nicht verstanden wurden. Im Spanischen sagt man übrigens *¡Me suena a CHINO!* (›Das klingt für mich Chinesisch!‹).

Und in anderen Sprachen?

- Niederländisch: *Dat komt mij SPAANS voor.* (Die Niederlande wurden lange Zeit von den Spaniern regiert!)
- Bosnisch/Kroatisch/Serbisch: *To je za mene ŠPANSKO selo.* ›Das ist für mich ein spanisches Dorf.‹
- Englisch: *It is GREEK to me.*
- Portugiesisch: *Isso é GREGO para mim.*
- Schwedisch: *Det är HEBREISKA för mig.*
- Finnisch: *Se on minulle ihan HEPREAA.*
- Französisch: *C'est de L'HEBREU/du CHINOIS pour moi.*
- Ungarisch: *Ez nekem KÍNAIUL van.*
- Italienisch: *Per me è ARABO.*

Diese Sprachen sind nicht zufällig gewählt: Hebräisch und Griechisch sind Sprachen der Gelehrsamkeit, Chinesisch und Arabisch die Sprachen weit entfernter Handelspartner, zum Beispiel am Ende der Seidenstraße. Es sind vom Hörensagen bekannte Sprachen, die aber nicht verständlich sind.

VIELSPRACHIGES JA-SAGEN

Dante Alighieri hält »Die Göttliche Komödie« in der linken Hand. Hinter ihm sind das Purgatorium, der Läuterungsort, in Form des Turms zu Babel und eine historische Ansicht der Stadt Florenz. (Fresko von Domenico di Michelino in Santa Maria del Fiore, Florenz 1465)

Ja ist in der Hochzeitssaison ein vielgehörtes, kurzes Wort in Kirchen und Standesämtern.

Vor rund 700 Jahren überlegte Dante Alighieri, Philosoph, Dichter und Gelehrter aus Florenz, in seinem Werk *De vulgari eloquentia* (»Über die Redegewandtheit in der Volkssprache«), in welcher Sprache sich am besten dichten lasse. Dabei nutzte er die Wörter für ›Ja‹ zur Unterscheidung der Sprachen. Er zählt auf:

1. *oc*-Sprache (in Südfrankreich), deshalb heute Okzitanisch genannt und für die Heldendichtung gut geeignet,
2. *oïl*-Sprache (in Nordfrankreich), wo man heut mit *Oui* auf Französisch bejaht,
3. *sì*, die Vorgänger des Italienischen, deren 14 Dialekte Dante fürs Dichten ungeeignet hielt, auch wenn er wenige Jahre später mit der »Göttlichen Komödie« ein Werk der Weltliteratur auf Italienisch schrieb,
4. *jò*-Sprachen, zu denen er das Deutsche, das Englische, das Sächsische, das Ungarische und die slawischen Sprachen zählte. Über ihre literarische Eignung weiß man nichts, da dieser Teil des Werks verloren ist.

Er scheint also bei den Sprachen des Ostens nicht so genau zugehört zu haben, hoffentlich anders als die ehewilligen Ja-Sagerinnen und Ja-Sager.

BÄRENPENIS, SOHN DES LANDLERS

Eine der seltenen Inschriften in norischer Sprache, von rechts nach links zu lesen

In Ptuj, damals Pettau in der Untersteiermark, wurde 1894 eine Vase mit kurzer Inschrift gefunden. Sie ist eine der vier oder fünf Quellen für die norische Sprache.

A R T E B U D Z B R O G D U I
›Artebudz [Sohn des] Brogduos‹

Brogduos wird von *brog-*, *mrog-* ›Land‹ abgeleitet. Der Name *Artebudz* könnte ›Bärenpenis‹ bedeuten – möglicherweise war man damals bei der Nennung geschlechtlicher Tatsachen nicht so zurückhaltend wie heute.

Norisch, eine keltische Sprache, wurde um die Zeitenwende in Ostösterreich und in den angrenzenden Gebieten gesprochen, im Königreich Noricum und ab 16. v. Chr. in der gleichnamigen römischen Provinz.

VON STUMMEN UND WORTGEWANDTEN

Wörterbücher »stumm – Wort« und »Wort – stumm«

Nach christlicher Überlieferung wurde am Pfingsttag die Sprachenverwirrung von Babel überwunden: »Wieso kann sie jeder von uns in seiner Muttersprache hören?« (Apostelgeschichte 2,8)

Die Botschaft des Wunders dürfte in der Mitte Europas nicht ganz angekommen sein: Die Bezeichnung für ›Deutsch‹ in den slawischen Sprachen (z.B. slowenisch *nemški*, poln. *niemiecki*) leitet sich von ›stumm‹ (slowenisch *nem*, poln. *niemy*) ab. Das Gegenteil zu den Stummen sind – in der Selbstwahrnehmung – die Slawen selbst: Sie haben *slovo*, das ›Wort‹.

Ob die ›Nachbarländer und -regionen des Wortes‹, beispielsweise die *Slow*akei, *Slow*enien, *Slaw*onien oder gar das Gebiet der *Slow*inzen in Hinterpommern, wirklich sprachlos machen, lässt sich auf Reisen erfahren. Auch wenn man nicht hinfährt, kann ein Sprachkurs Wunder wirken.

PASSKONTROLLE FÜR REISENDE AUS *NORGGA GONAGASRIIKA*

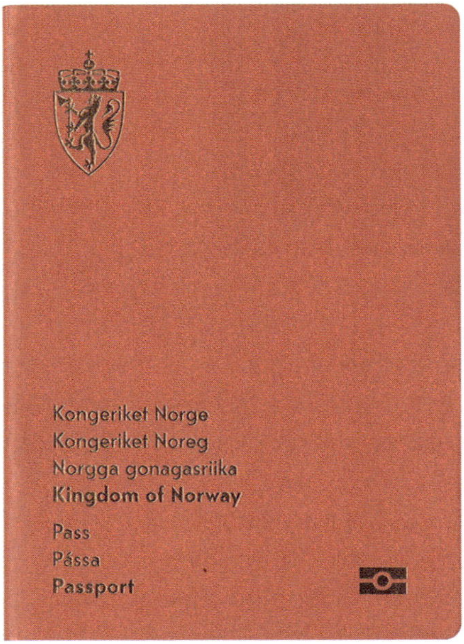

Ein vielsprachiger Pass

Manche Länder beschriften Reisepässe in allen Landessprachen, auch in denen kleiner Minderheiten.

Daher ist der Pass des Königreichs Norwegen viersprachig beschriftet: in Bokmål und Nynorsk (den beiden amtlichen Varianten des Norwegischen), Nordsamisch und Englisch.

Samisch ist die Sprache der Ureinwohner Skandinaviens und wird, außer in Norwegen, in Schweden und Finnland sowie in angrenzenden Gebieten Russlands von ca. 24 000 Menschen in zehn untereinander kaum oder nicht verständlichen Varianten gesprochen.

Bokmål (deutsch ›Buchsprache‹) ist eine der beiden offiziellen Varianten des Norwegischen. Es ist aus dem Dänischen entstanden, das im gemeinsamen Reich Dänemark-Norwegen von 1380 bis 1814 Verwaltungssprache war. Auch Island, Grönland und die Färöer-Inseln waren Teil des Landes.

Nynorsk (deutsch ›Neunorwegisch‹) wurde als neue, eigene Schriftsprache aus traditionellen, zumeist west- und zentralnorwegischen Dialekten im 19. Jahrhundert entwickelt.

Wer in Norwegen in die Schule geht, muss beide Norwegisch-Varianten lernen. Im Alltag sprechen 85 bis 90 % Bokmål.

»WASSER MARSCH!« IM KANALTAL

Deutsch beschriftete Fahnen der Freiwilligen Feuerwehr von Valbruna (Wolfsbach) in Italien

1898 WURDE IN der Kärntner Ortschaft Saifnitz die Freiwillige Feuerwehr gegründet. Damals wie heute spricht die Bevölkerung überwiegend slowenisch und nennt den Ort Žabnice. Seit 1919 gehört das Dorf im Kanaltal zu Italien und heißt offiziell Camporosso. Doch bis heute ist Deutsch die Kommandosprache dieser italienischen Feuerwehrleute!

Nicht anders ist es in den Nachbarorten Ugovizza/Uggowitz/Ukve und Valbruna/Wolfsbach/Ovčja vas.

Die Sprachwahl zeigt die Geschichte und die Besonderheit einer Freiwilligen Feuerwehr in Italien: Im Rest des Landes gibt es fast nur Berufsverbände.

GERADE NOCH RECHTZEITIG

Tuone Udaina (1821–1898)

Tuone Udaina war der letzte Mensch, der am Ende des 19. Jahrhunderts auf der heute kroatischen, damals österreichischen Insel Krk als Muttersprache Dalmatisch sprach, genauer gesagt: sich erinnern konnte, sie als Kind verstanden zu haben.

Nahezu taub und fast ohne Zähne erzählte er dem jungen Sprachwissenschaftler Matteo Giulio Bartoli aus Wien *E-l mi tuota e la maja niena favlua cosaic, in veclisun, jali favlua ce jali kredua ce ju non kapaja, ma ju toč.* (»Mein Vater und meine Mutter haben so gesprochen, sie haben Vegliotisch gesprochen, weil sie gedacht haben, dass ich sie nicht verstehe, aber ich habe alles [verstanden].«)

Krk heißt auf italienisch Veglia, daher die Bezeichnung *Vegliotisch*. Bartolis Buch mit 2800 dalmatischen Wörtern und einigen Geschichten, auch aus Udainas eigenem Leben, ist fast die einzige Quelle für die dalmatische Sprache. Matteo Giulio Bartoli profitierte von dieser Entdeckung und wurde Professor für Sprachwissenschaft in Wien.

Tonio Udaina hingegen starb tragischerweise als Folge seiner Taubheit bei einem Straßenbau, da er die Warnsignale vor Sprengarbeiten nicht mehr hören konnte.

SÜSSE LEKTIONEN IN EINER KLEINEN SPRACHE

Zuckersäckchen mit friulanischer Aufschrift in einer Bar im Nordosten Italiens

In zweisprachigen Gebieten Europas haben die dort gesprochenen Sprachen oft nicht dasselbe Prestige: Meist wird nur die Mehrheits- bzw. Staatssprache an höheren Schulen unterrichtet und findet im Berufsalltag, in Zeitungen und Fernsehen Verwendung. Nicht anders ist es im Nordosten Italiens.

Um die Minderheitssprache zu stärken und Lust auf sie zu machen, haben sich die »Fantats Furlans«, die jungen Friulanerinnen und Friulaner, kleine Werbeflächen ausgesucht: Zuckersäckchen laden beim täglichen Barbesuch ein, Friulanisch zu sprechen.

Friulanisch oder Friaulisch wird von rund 600 000 Menschen in Nordostitalien gesprochen. Die Namen der Sprache (*Furlan*) und der Region (*Friûl*) stammen von Julius Caesar. Es ist eine Weiterentwicklung des nach ihm benannten römischen Ortsnamens *Forum Iulii*. Heute heißt diese Stadt italienisch Cividale, friaulisch *Cividât*.

EINE SPRACHE UND NUR ZWEI BÜCHER?

Die zweisprachige Ortstafel Šušnjevica/Sušnjevicę in Istrien

Im Osten der kroatischen Halbinsel Istrien, am Fuße des Bergmassivs Učka, liegt das Dorf Šušnjevica mit nur 69 Einwohnern. Die zweisprachige Ortstafel *Šušnjevica/Sušnjevicę* ist fast der einzige Hinweis auf die zweite Sprache, die dort gesprochen, aber kaum geschrieben wird: Istro-Rumänisch. Außer der Ortstafel gibt es noch einen Kalender für das Jahr 1905 mit Sprichwörtern und Geschichten und ein Kinderbuch aus dem Jahr 2016.

Heute verstehen und sprechen auf dieser dünn besiedelten Hochebene höchstens 1000 Menschen diese Sprache, die eine entfernte Ähnlichkeit mit dem Rumänischen hat. Ob das Rumänische in Rumänien (das sogenannte Dako-Rumänisch), die verstreuten rumänischen Dialekte auf dem Balkan und Istro-Rumänisch als Varianten einer einzigen Sprache oder als vier eigenständige Sprachen zu betrachten sind, wird in der Sprachwissenschaft unterschiedlich gesehen. Die Istro-Rumänen selbst nennen sich *Rumâri*.

Wer Istro-Rumänisch hören möchte, muss sich mit einer Reise nach Šušnjevica/Sušnjevicę, Brdo/Bârdo, Nova Vas/Noselo, Jesenovik/Sukodru oder Žejane/Žejân beeilen. Da fast niemand mehr seine Kinder in dieser Sprache erzieht, wird sie in wenigen Jahrzehnten aussterben, so wie die Hälfte der weltweit rund 6000 Sprachen. Jede von ihnen gilt laut UNESCO als immaterielles Kulturerbe und unterliegt damit internationalem Schutz.

SOLRESOL – EINE SPRACHE MIT PFIFF UND IN REGENBOGENFARBEN

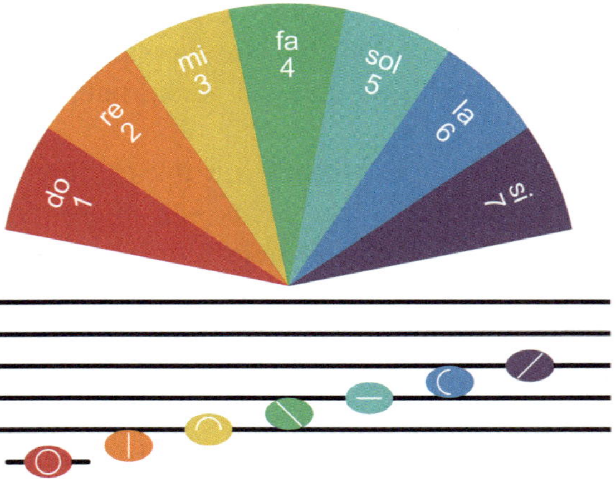

Noten-, Farb-, Zahl- und Gestennotation in Solresol

Solresol ist die wohl außergewöhnlichste und kreativste Plan-, das heißt erfundene Sprache. Sie wurde ab 1817 vom Pariser Musiklehrer François Sudre (1787–1862) entwickelt.

Der Wortschatz setzt sich aus sieben verschiedenen Zeichen zusammen, den Noten der Tonleiter. Beispiele: *domifasol* – ›jung‹, *solfamido* – ›alt‹ (Umkehrung!), *doredo* – ›Zeit‹, *dorela* – ›Jahr‹, *doresi* – ›Jahrhundert‹.

Was anhand einiger Worte logisch aussieht, macht die Sprache schwierig: Es gibt kaum Bezugspunkte zu anderen, bereits bekannten Sprachen und braucht gutes Gehör und vor allem intensive Übung des Gedächtnisses. Kein Wort sollte mehr als fünf Silben bzw. Noten lang sein. Daher sind maximal 11 700 Wörter möglich.

Man kann Solresol daher nicht nur sprechen, sondern auch singen, pfeifen oder auf Musikinstrumenten spielen. Schreiben kann man in Buchstaben- oder Notenschrift. Tonsilben lassen sich durch Zahlen ersetzen (do – 1, re – 2 …) oder mit den sieben Farben des Regenbogens oder Handzeichen darstellen.

ORANG ODER ORANGE

Als Kind dachte ich beim Anblick des rötlich-braun, fast orange gefärbten Menschenaffen aus Südostasien, dass er seinen Namen von der Fellfarbe habe. Was hieße dann aber *utan*?

Die Farbe hat aber für die Benennung gar keine Bedeutung: *orang* heißt ›Mensch‹, *(h)utan* ›Wald‹.

Ein Blick ins Indonesisch-Wörterbuch verrät: Ich bin ein *Orang Austria*, ein ›Österreicher‹.

BEDEUTUNGSLOS

FRANZ IM TAXI: SINNLOS, ABER NICHT ZWECKLOS

Sprache vermittelt üblicherweise Information. Aber nicht immer: Um in früheren Zeiten Schreibmaschinen oder Fernschreiber zu testen, nutzte man Pangramme, kurze Sätze, in denen alle Zeichen einer Sprache vorkommen.

Eines der bekanntesten englischen Pangramme wurde zuerst in Schreibmaschinschulen verwendet: *The quick brown fox jumps over the lazy dog* ebenso wie das deutsche *Die heiße Zypernsonne quälte Max und Victoria ja böse auf dem Weg bis zur Küste.*

Zur Prüfung einer Telex-Verbindung (Kleinschreibung!) war früher der Satz *kaufen sie jede woche vier gute bequeme pelze xy 1234567890* als »Kaufen-Schleife« im Fernschreibnetz abrufbar.

Heute nutzt man Pangramme, um das Aussehen einer Schriftart darzustellen, im Deutschen beispielsweise: *Franz jagt im komplett verwahrlosten Taxi quer durch Bayern* (allerdings ohne Umlaute und ß).

Um zu wissen, ob im Französischen alle Sonderzeichen funktionieren, schreibe man: *Dès Noël où un zéphyr haï me vêt de glaçons würmiens, je dîne d'exquis rôtis de bœuf au kir à l'aÿ d'âge mûr & cœtera!* (›Seit Weihnachten, als ein verhasster Zephyr mich mit würmzeitlichen Eiswürfeln einkleidete, speise ich vorzüglichen Rinderbraten mit gereiftem Ay-Champagner-Kir und so weiter!‹) – inklusive die äußerst seltenen *œ, ü* und *ÿ*. Im Ungarischen lautet das häufigste Pangramm, das alle Buchstaben mit Akzent beinhaltet, *árvíztűrő tükörfúrógép* (›hochwasserbeständige Spiegelbohrmaschine‹).

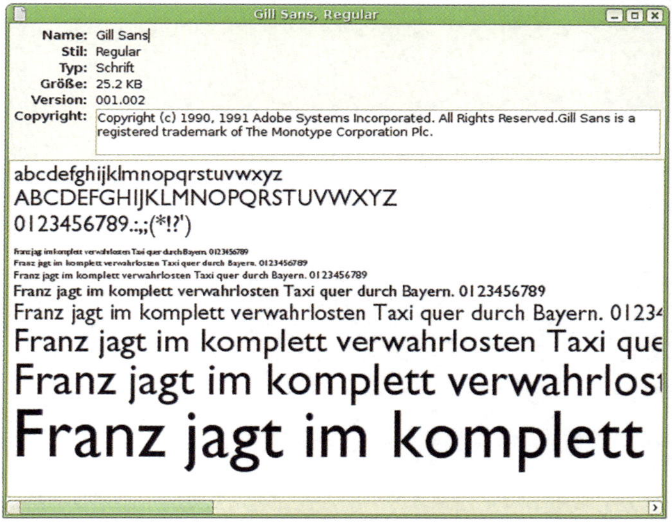

Daneben gibt es – als Sprachspiel – auch Isogramme, in denen jeder Buchstabe genau einmal vorkommt: *»Fix, Schwyz!«, quäkt Jürgen blöd vom Paß.* Alte Rechtschreibung und wenig sinnvoll, aber: Wer hat eine bessere Idee?

DAMIT FREMDSPRACHEN NICHT FREMD BLEIBEN

Die Urania Steiermark ist eine Einrichtung der Erwachsenenbildung mit Sitz in Graz und mit engem Kontakt zu den steirischen Universitäten, Museen und Kultureinrichtungen. Ihre Bildungstätigkeit umfasst Vorträge und Symposien, Seminare, Instrumental- und Gesangsunterricht, Bildungsreisen und selbstverständlich Sprachkurse. Sie sieht es seit der Gründung 1919 als ihre Aufgabe an, wissenschaftliche Erkenntnisse in verständlicher Form zu vermitteln – fallweise in der notwendigen Vereinfachung, aber dennoch kompetent.

Im Zentrum der Linguistik oder Sprachwissenschaft steht das Wissen über Sprachen. Dabei kann es sich um Einzelsprachen handeln oder um Laute, grammatische Formen oder Worte und deren Bedeutungen. Auch die geschichtlichen Entwicklungen oder allgemeines Wahrnehmen wie das Erlernen und Artikulieren von Sprache sind Teil der Sprachforschung. Doch anders als bei vielen anderen Wissenschaften fallen bei der Untersuchung und Beschreibung von Sprachen das Forschungsobjekt und das Mittel der Beschreibung zusammen: Sprache wird mit Sprache dargestellt!

Daher ist es notwendig, für die oftmals spannenden Einsichten in sprachliche Zusammenhänge neue Formen und Methoden zu finden, um für interessierte Laien den Vergleich zwischen einzelnen Strukturebenen (Laute, Buchstaben, Wörter, Satzbau ...) in unterschiedlichen Sprachen augenscheinlicher zu gestalten. Dies kann durch den Fokus auf einzelne konkrete Elemente geschehen oder auch durch eine Illustration. Wichtig ist, zuerst das Interesse zu wecken, am besten durch eine Wahrnehmung aus dem Alltag, zum Beispiel eine Aufschrift auf einem Flaschenetikett, ein Schriftzeichen auf einer Münze. Dann folgt der Bezug zum Bekannten oder die explizite Benennung des Unterschiedes, um schließlich mit einer Erklärung und Anbindung an bereits vorhandenes sprachliches Wissen zu einem kleinen Bildungserlebnis zu führen. Dies kann ein Aha-Erlebnis sein und die Neugier auf weitere Erkenntnisse fördern.

Der Sprachunterricht – sei es in Schule oder Erwachsenenbildung – wird durch solche Einsichten erleichtert, indem die Erwartungshaltung gegenüber der neuen Sprache relativiert wird. Der Abbau von Fremdheit fördert den Fremdsprachenunterricht.

Sprachliche Kompetenz ist mehr als das Beherrschen der Muttersprache und einer Fremdsprache

Seit gut dreißig Jahren gibt es daher Bemühungen zur Etablierung einer Mehrsprachigkeitsdidaktik. Unter mehrsprachiger Kompetenz ist zu verstehen, dass Menschen von, mit und über jene Sprachen lernen, denen sie alltäglich ausgesetzt sind, die sie in der Nachbarschaft, am Arbeitsplatz, in der Schule, in Medien oder auf Reisen wahrnehmen. Diese sprachliche und kulturelle Vielfalt bildet individuelle Sprachressourcen und kann Interesse an weiterem Sprachenlernen initiieren – sofern die Wahrnehmung aller Sprachen begleitet, wertgeschätzt und gefördert wird.

Eine ganz konkrete Einsicht aus dem klassischen Sprachenunterricht war Anlass für ein neues Konzept. Die zahlreichen Herkunftssprachen der Kinder und Jugendlichen darf man nicht ausschließen, sie sind eine Chance. Dies war der Start zu einer didaktischen Bewegung, die sich *Language Awareness* bzw. *Éveil aux Langues* nannte, später auch *Awakening to languages* (vgl.

Candelier, 2007). Eine deutsche Entsprechung ist *Sprachenaufmerksamkeit* (vgl. Oomen-Welke, 2016).

Ausgereifte Konzepte (Hufeisen & Lutjeharms, 2005; Reich & Krumm, 2013) und ideenreiche Handbücher mit praktischen Vorschlägen (beispielsweise Schader, 2013, oder Materialien des Österreichischen Sprachen-Kompetenz-Zentrums/ÖSZ, 2012) nennen als Umsetzungsorte explizit und ausschließlich Schulen. Schulklassen, in denen zwei Dutzend Kinder mehr als ein Dutzend verschiedene Sprachen sprechen, sind nicht selten, nicht nur in Großstädten. Manche Kinder aus bi- und multikulturellen Familien oder Minderheitenangehörige haben überdies schon aus ihrem familiären Alltag Kenntnisse oder Teilkenntnisse in zwei oder drei Sprachen.

Aber: Viele Lehrkräfte sehen vielsprachige Situationen – im Hinblick auf erwartbare Kommunikationsprobleme und schlechtere Ergebnisse im Unterricht – defizit- und problemorientiert. Beklagt wird, was die Kinder und Jugendlichen nicht im Deutsch- oder Fremdsprachenunterricht erlernt haben. Umsetzungen einer Mehrsprachigkeitsdidaktik finden daher eher im Gesamtunterricht der Primarstufe und nicht selten in gemeinschaftsorientierten Phasen (»Kennenlerntage«) zu Schulbeginn oder Schulschluss statt.

Aus eigener Anschauung kann der Autor von wütenden Elternprotesten im Französischunterricht in einem Grazer Gymnasium berichten: Man habe sich für diese Sprache entschieden; ein Rückgriff auf (nah) verwandte Sprachen wie Italienisch oder Spanisch – Muttersprachen zweier Schüler! – oder der Hinweis auf die Interkomprehension (vgl. Meißner & Reinfried, 1998; Morkötter, 2016), wonach gute Französischkenntnisse in Verbindung mit Latein und bewusstem Wahrnehmen der regelmäßigen Unterschiede das Verstehen der anderen romanischen Sprache erleichtere, seien tunlichst zu unterlassen.

Language Awareness bzw. *Éveil aux Langues* in der Erwachsenenbildung?

Viele Menschen sind stolz, Grüße oder Zahlwörter bis zehn in möglichst vielen Sprachen sagen zu können – einfache Aktivitäten zum Erleben von Sprachenvielfalt.

Sprachinteressierte werden beim Vergleich der Grußformeln erfahren, wie soziale Nähe unterschiedlich ausgedrückt wird. Was kann ich nur zu Freunden sagen? Was ist nur für die Begegnung und welcher Gruß auch für den Abschied geeignet? … Ein- und Mehrsprachige, Einheimische und Zugewanderte werden rasch feststellen, dass andere Sprachen mehr sind als die Wiedergabe identer Gedanken mit anderen Wörtern.

Sollte aber eine Spanisch-Vortragende an der Urania Steiermark einen Dialog mit katalanischer Begrüßung mitbringen, wäre das als Beitrag zur Landeskunde Spaniens gerade noch akzeptabel; Portugiesisch ginge zu weit. Man würde ja für das Erlernen der spanischen Sprache bezahlen … , so die erwartbare Reaktion.

Wo hat nun ein plurilingualer Ansatz Platz im Sprachenlernen Erwachsener? Nach umfangreichen Recherchen am Europäischen Fremdsprachenzentrum und am Österreichischen Sprachenkompetenzzentrum (ösz) in Graz, an dem der Autor 2002 bis 2009 vor allem mit Mehrsprachigkeitsdidaktik befasst war, gibt es kaum diesbezügliche Initiativen und Materialien aus dem Bereich der Erwachsenenbildung. Zu den wenigen verschriftlichten Berichten gehört der Rückblick von Thomas Fritz (2022) auf vierzig Jahre Sprachunterricht an den österreichischen Volkshochschulen mit Schwerpunkt Wien. Beachtliche Innovationen zur Mehrsprachigkeitsdidaktik, zu interkulturellem Lernen und zu plurilingualen Ansätzen betreffen insbesondere öffentlichkeitswirksame Aktionen wie den Wiener *Sprachenalmanach* (Fritz, 2001) oder Ausbildungslehrgänge der Forschungsstelle der Wiener Volkshochschulen (*lernraum.wien | AlfaZentrum*), mit dem Themenschwerpunkt Bildung in der Migrationsgesellschaft.

Für Graz ist ergänzend das regelmäßig stattfindende und publikumswirksame Grazer Sprachenfest am und um den Schloßbergplatz rund um den Tag der Sprachen (26. September) zu nennen. Dabei präsentieren rund 25 Organisationen, die sich zur sprachlichen Bildung und Mehrsprachigkeit im Sprachennetzwerk Graz engagieren, Sprachenlernen und Sprachenfreude. Daran nehmen Einrichtungen der Erwachsenenbildung, Schulen, Hochschulen, Universitäten und Behörden wie die Bildungsdirektion teil, natürlich auch das Europäische Fremdsprachenzentrum (*European Centre for Modern Languages; Centre européen pour les langues vivantes*) des Europarates mit Sitz in Graz.

Finden solche Initiativen auch Eingang in die Kurstätigkeit der Erwachsenenbildung? Wohl kaum in der Mehrzahl der jährlich über 2000 Sprachkurse in der Steiermark (Bildungsnetzwerk, 2023: 25), auch nicht in den etwa 450 Kursen derzeit in rund 25 Sprachen der Urania Steiermark.

Wie eingangs erwähnt, gehört zu den Aufgaben der Urania Steiermark die »Verbreitung naturwissenschaftlicher Kenntnisse und allgemeiner Bildung« (Satzungen von 1919, §1, zitiert nach Galter, 2019: 71). Heute würde man dazu eher *Science-to-Public* sagen.

Seit 2020 führt daher der Autor an der Urania Steiermark im Sinne der Mehrsprachigkeitsdidaktik regelmäßig Seminare zu sprachlichen Themen durch (beispielsweise Europas sprachliche Vielfalt: eine linguistische Reise vom Atlantik zum Ural, 2020; Namen, Namensbedeutung und Namensforschung, 2021, Schimpf und Spott in unserer Sprache, 2023; »Souwisou«: Dialekte in Österreich und anderswo, 2024).

Der vorliegende Sprach-Reiseführer soll, über diese Seminare hinausgehend, in kurzen Texten ausgehend von alltäglichen

Beobachtungen – ähnlich klingende Wörter in verschiedenen Sprachen, auffallende Ortsnamen, wiedererkennbare Zeichen in nichtlateinischer Schrift … – im Sinne von *Science-to-Public* Verständnis für die Vielfalt von Sprachen fördern und auf weiteres Sprachenlernen vorbereiten.

Wolfgang Moser

Anm.: Dieser Text ist die Zusammenfassung eines ausführlicheren Artikels in der Zeitschrift *Magazin erwachsenenbildung.at. Das Fachmedium für Forschung, Praxis und Diskurs*. Ausgabe 53, 2024 (Moser, 2024).

Bildungsnetzwerk Steiermark (2023): *Monitoring Steirische Erwachsenenbildung*. Basisdaten 2022, Graz. https://erwachsenenbildung-steiermark.at/netzwerk/themen-und-projekte/monitoring/.

Candelier, M. (Hrsg.) (2007): *Janua Linguarum – The gateway to languages – The introduction of language awareness into the curriculum: Awakening to languages*. Graz: ECML.

Candelier, M. (Hrsg.) (2007): *Janua Linguarum La porte des langues L'introduction de l'éveil aux langues dans le curriculum*. Graz: CELV.

Candelier, M., Camilleri-Grima, A., Castellotti,V., de Pietro, J.-F., Lőrincz, I., Meißner, F.-J., Noguerol, A., Schröder-Sura, A. & Molinié, M. (2012): *Le CARAP - Un Cadre de Référence pour les Approches plurielles des langues et des cultures – Compétences et res-sources*. Conseil de l'Europe. http://carap.ecml.at/.

Crystal, D. (1993): *Die Cambridge-Enzyklopädie der Sprache*. Übersetzung und Bearbeitung der deutschen Ausgabe von Stefan Röhrich. Frankfurt am Main: Campus.

Fritz, Th. (Hrsg.) (2001): 280 *Sprachen für Wien*. Wien: edition vhs.

Fritz, Th. (2022): 40 Jahre Sprachunterricht an den österreichischen Volkshochschulen. Eine Geschichte der Innovationen. In: *Magazin erwachsenenbildung.at*. Ausgabe 47, 2022. https://erwachsenenbildung.at/magazin/ausgabe-47.

Galter, H. (2019): *Die Grazer Urania (1919–1938)*. In: H. Galter u. a. (Hrsg.): *Die Urania in Graz – 100 Jahre Bildung und Kultur*. Graz: Leykam.

Hufeisen, B. & Lutjeharms, M. (Hrsg.) (2005): *Gesamtsprachencurriculum. Integrierte Sprachendidaktik. Common Curriculum*. Tübingen: Narr.

Meißner, F.-J. & Reinfried, M. (1998): *Mehrsprachigkeitsdidaktik. Konzepte, Analysen, Lehrerfahrungen mit romanischen Fremdsprachen*. Tübingen: Narr.

Morkötter, St. (2016): *Förderung von Sprachlernkompetenz zu Beginn der Sekundarstufe. Untersuchungen zu früher Interkomprehension*. Tübingen: Narr.

Moser, W. (2024): Mehrsprachigkeitsdidaktik: Damit fremde Sprachen keine Fremdsprachen bleiben. Beiträge der Erwachsenenbildung zu interethnischem Respekt und zum Verständnis für das Andere. In: *Magazin erwachsenenbildung.at. Das Fachmedium für Forschung, Praxis und Diskurs*. Ausgabe 53, 2024. https://erwachsenenbildung.at/magazin/ausgabe-53.

Oomen-Welke, I. (2016): Mehrsprachigkeit – Language Awareness – Sprachbewusstheit. Eine persönliche Einführung. In: *Zeitschrift für Interkulturellen Fremdsprachenunterricht* 21.2, S. 5–12.

ÖSZ (Hrsg.) (2012): *Dober dias! Buenos dan! Sprachliche und kulturelle Vielfalt entdecken und feiern. Praxisvorschläge für Sprachenworkshops und Sprachenaktionen für die Grundschule und die Sekundarstufe* I. Graz: ÖSZ. https://www.oesz.at/fileadmin/external_import/oeszatdb36/publikationen/KIESELneu_Heft1_web.pdf.

Reich, H.-H., & Krumm, H.-J. (Hrsg.) (2013): *Sprachbildung und Mehrsprachigkeit. Ein Curriculum zur Wahrnehmung und Bewältigung sprachlicher Vielfalt im Unterricht*. Münster: Waxmann.

Schader, B. (2013): Spra*chenvielfalt als Chance. Das Handbuch. Hintergründe und 101 praktische Vorschläge für den Unterricht in mehrsprachigen Klassen*. 2., erweiterte Auflage: Zürich: Orell Füssli.

REGISTER

BILDNACHWEISE

S. 10: Yusuke Kawasaki; https://commons.wikimedia.org/wiki/File:Grilled_Sardines_5.50%E2%82%AC_Marisqueira_O_Varino_Nazar%C3%A9_(3785526688).jpg, Lizenz: CC BY 2.0 | **S. 12:** Asta; https://commons.wikimedia.org/wiki/File:Wulfila_bibel.jpg; gemeinfrei | **S. 14:** OpenStreetMap; https://commons.wikimedia.org/wiki/File:Names_for_tea.png, Lizenz: CC BY 4.0 | **S. 18:** Ch1902; https://commons.wikimedia.org/wiki/File:Phaistos_glyph_02.svg; gemeinfrei | **S. 18:** k.A.; https://commons.wikimedia.org/wiki/File:Phaistos-DiskLarge.jpg, Lizenz: CC BY-SA 3.0 | **S. 20:** Jaypee; https://commons.wikimedia.org/wiki/File:Inscription_%C3%A9trusque_Guffert_Autriche.jpg#/media/File:Inscription_%C3%A9trusque_Guffert_Autriche.jpg, Lizenz: CC BY-SA 4.0 | **S. 20:** Thesaurus Inscriptionum Raeticarum, Stefan Schumacher; https://tir.univie.ac.at/wiki/File:ST-1_2_3_illustration.png | **S. 22:** Filid; https://commons.wikimedia.org/wiki/File:Ogham.png; gemeinfrei | **S. 22:** Arkland; https://commons.wikimedia.org/wiki/File:Bambie_Thug_Eurovision_Song_Contest_2024_final_dress_rehearsal_02.jpg, Lizenz: CC BY-SA 4.0 | **S. 22:** Runologe; https://commons.wikimedia.org/wiki/File:All_Ogham_letters_without_Forfeda_-_%C3%9Cbersicht_aller_Ogham-Zeichen_ohne_Forfeda.jpg, Lizenz: CC BY-SA 4.0 | **S. 24:** Kontrollstellekundl; https://commons.wikimedia.org/wiki/File:2013.09.09_Balaton_(3).JPG#/media/File:2013.09.09_Balaton_(3).JPG, Lizenz: CC BY-SA 3.0 | **S. 26:** k.A.; https://commons.wikimedia.org/wiki/File:Birch_bark_document_210.jpg#/media/File:Birch_bark_document_210.jpg; gemeinfrei | **S. 26:** W. Moser, privat | **S. 30:** Pixabay, Thomas G.; https://pixabay.com/de/photos/briefmarken-china-post-1392767/ | **S. 32:** Astelus; https://commons.wikimedia.org/wiki/File:Yen_2.jpg, Lizenz CC BY-SA 4.0 | **S. 36:** Rees's Cyclopaedia; https://commons.wikimedia.org/wiki/File:Rees%27s_Cyclopaedia_Chappe_telegraph_(proposed_edit).png; gemeinfrei | **S. 38:** Hebrew University of Jerusalem; https://en.huji.ac.il/sites/default/files/en.new.huji/files/lachish_comb_2.jpg?m=1668518308 | **S. 40:** KES47, Mrmw; https://commons.wikimedia.org/wiki/File:PhoenicianG-01.svg; gemeinfrei | **S. 40:** Pmx, Mrmw; https://commons.wikimedia.org/wiki/File:PhoenicianA-01.svg; gemeinfrei | **S. 40:** Pmx, Mrmw; https://commons.wikimedia.org/wiki/File:PhoenicianB-01.svg; gemeinfrei | **S. 40:** Mintz l; https://commons.wikimedia.org/wiki/File:Proto-Canaanite_letter_alp.svg, Lizenz: CC BY 2.5 | **S. 42:** Anomie; https://commons.wikimedia.org/wiki/File:Proto-semiticB-01.svg; gemeinfrei | **S. 42:** Anomie; https://commons.wikimedia.org/wiki/File:RomanB-01.svg; gemeinfrei | **S. 42:** Dcoetzee, F l a n k e r; https://commons.wikimedia.org/wiki/File:Beta_uc_lc.svg; gemeinfrei | **S. 42:** Nohat, Martin Kozák; https://commons.wikimedia.org/wiki/File:EtruscanB-01.svg; gemeinfrei | **S. 42:** Pmx, Mrmw; https://commons.wikimedia.org/wiki/File:PhoenicianB-01.svg; gemeinfrei | **S. 43:** Akb00001; https://commons.wikimedia.org/wiki/File:Hebrew_letter_shin.svg; gemeinfrei | **S. 43:** Flanker; https://commons.wikimedia.org/wiki/File:Cyrillic_letter_Sha_-_uppercase_and_lowercase.svg; gemeinfrei | **S. 43:** KES47, Mrmw; https://commons.wikimedia.org/wiki/File:PhoenicianS-01.svg; gemeinfrei | **S. 43:** Korny78; https://commons.wikimedia.org/wiki/File:12-Sin.png oder https://commons.wikimedia.org/wiki/File:12-Sin.svg, Lizenz: CC BY-SA 3.0 | **S. 44:** W. Moser, privat | **S. 46:** Poșta Română; https://commons.wikimedia.org/wiki/File:Romania-Stamp-1967-RAcademyLibrary.jpg; gemeinfrei | **S. 46:** Poșta Română; https://commons.wikimedia.org/wiki/File:RO-RESITA_-_Dampflok-Museum_-_RESICZA_-_No2_---_101_-_Briefmarke_(2021).jpg; gemeinfrei | **S. 46:** Poșta Română; https://commons.wikimedia.org/wiki/File:Timbru_Balcescu.jpg; gemeinfrei | **S. 48:** W. Moser, privat | **S. 52:** Nicubunu; https://commons.wikimedia.org/wiki/File:Pl%C4%83cint%C4%83_cu_br%C3%A2nz%C4%83.jpg, Lizenz: CC BY-SA 3.0 | **S. 54:** Chmee2; https://commons.wikimedia.org/wiki/File:Kol%C3%A1%C4%8Dky.jpg; gemeinfrei | **S. 56:** Tommaso da Modena; https://commons.wikimedia.org/wiki/File:Tommaso_da_modena,_ritratti_di_domenicani_(Ugo_di_Provenza)_1352_150cm,_treviso,_ex_convento_di_san_niccol%C3%B2,_sala_del_capitolo.jpg; gemeinfrei | **S. 56:** Aliishaqch; https://commons.wikimedia.org/wiki/Category:Ray-Ban_sunglasses?uselang=de#/media/File:Rakaposhi_Mountain_with_Hunza-Nagar_River_on_its_side.jpg, Lizenz: CC BY-SA 4.0 | **S. 58:** User unbekannt; https://commons.wikimedia.org/wiki/File:Nov%C3%BD_kalend%C3%A1%C5%99_hospod%C3%A1%C5%99sk%C3%BD_na_rok_1860_(Praha_1859)_-_Z%C3%A1%C5%99%C3%AD.png, Lizenz: CC BY-SA 4.0

| **S. 60:** MikroLogika; https://commons.wikimedia.org/wiki/File:KAPSCH_%26_S%C3%96HNE_Feldfernsprecher_Telefon_M_35_M35_-_Wehrmacht_1.jpg, Lizenz: CC BY-SA 4.0 | **S. 64:** Pixabay, Herm; https://pixabay.com/de/photos/island-steinhaus-geb%C3%A4ude-felsen-4524112/ | **S. 66:** Webster; https://commons.wikimedia.org/wiki/File:Monaco_aerial_view.jpg, Lizenz: CC BY-SA 3.0 | **S. 68:** K. Müller; https://commons.wikimedia.org/wiki/File:Karte_Dionysius.jpg; gemeinfrei | **S. 70:** Bernard DUPONT; https://commons.wikimedia.org/wiki/File:Rock_Hyrax_(Procavia_capensis)_(7042223567).jpg, Lizenz: CC BY-SA 2.0 | **S. 72:** ISS; https://commons.wikimedia.org/wiki/File:ISS023-E-6159_-_View_of_Turkey.jpg#/media/File:ISS023-E-6159_-_View_of_Turkey.jpg; gemeinfrei | **S. 74:** C.Stadler/Bwag; https://commons.wikimedia.org/wiki/File:Maria_Enzersdorf_-_Burg_Liechtenstein_(5).JPG, Lizenz: CC BY-SA 4.0 | **S. 76:** Pedanet, Juha Salminen; https://peda.net/p/JuhaS/ek/it%C3%A4valta2/it%C3%A4vallan-kartta2/ik | **S. 78:** cyclonebill; https://commons.wikimedia.org/wiki/File:%C3%98l_(5781942709).jpg#/media/File:%C3%98l_(5781942709).jpg, Lizenz: CC BY-SA 2.0 | **S. 80:** Wikidata, Chabe01; https://www.wikidata.org/wiki/Q3450986#/media/File:Plaque_Rue_Presbourg_-_Paris_XVI_(FR75)_-_2021-08-17_-_3.jpg | **S. 82:** RoswithaC; https://commons.wikimedia.org/wiki/File:Champagner1.JPG, Lizenz: CC BY-SA 3.0 | **S. 84:** Hirnbeiss; https://commons.wikimedia.org/wiki/File:Holzriese.JPG; gemeinfrei | **S. 86:** Mefusbren69; https://commons.wikimedia.org/wiki/File:Millstatt_-_Skulptur_-Domitian2.jpg; gemeinfrei | **S. 88:** d|ROM|a; http://www.roma-service.at/droma/img/droma_70.jpg | **S. 88:** roma-service, d|ROM|a; http://www.roma-service.at/droma/img/droma_70.jpg | **S. 90:** J. Opioła; https://commons.wikimedia.org/wiki/File:Kamenick%C3%BD_hrad_5S1.jpg, Lizenz: CC BY-SA 4.0 | **S. 98:** culture-bretagne.net; https://www.culture-bretagne.net/un-meme-sur-les-nombres-en-breton/ | **S. 100:** W. Moser, privat | **S. 104:** Caminante JP; https://commons.wikimedia.org/wiki/File:Teclado_espa%C3%B1ol_%C3%91.jpg, Lizenz: CC BY-SA 4.0 | **S. 106:** Domenico di Michelino; https://commons.wikimedia.org/wiki/File:Dante_Domenico_di_Michelino_Duomo_Florence.jpg; gemeinfrei | **S. 108:** Mahagaja; https://commons.wikimedia.org/wiki/File:Ptuj_inscription-facsimile.png; gemeinfrei | **S. 109:** W. Moser, privat | **S. 110:** Government of Norway, Neue Design Studio; https://commons.wikimedia.org/wiki/File:Norwegian_Passport,_New_Design.jpg; gemeinfrei | **S. 112:** Protezione civile FVG, Regione Autonoma Friuli Venezia Giulia; https://www.protezionecivile.fvg.it/sites/default/files/old-files/gallery/dsc_0266_20069271211 39.jpg | **S. 114:** Bartoli, Matteo (1906): Das Dalmatische. Wien: Hölder, 309 [Scan digital nachbearbeitet]; https://de.scribd.com/document/370363680/Das-Dalmatisch-Matteo-Bartoli?doc_id=370363680&download=true&order=642460493; gemeinfrei | **S. 116:** W. Moser, privat | **S. 118:** SIG SG 510; https://commons.wikimedia.org/wiki/File:%C5%A0u%C5%A1njevica,_Kr%C5%A1an.jpg; gemeinfrei | **S. 120:** Parcly Taxel; https://commons.wikimedia.org/wiki/File:Solresol_representations.svg, Lizenz: CC BY-SA 3.0 | **S. 122:** Th. Fuhrmann; https://commons.wikimedia.org/wiki/File:Bornean_orangutan_(Pongo_pygmaeus),_Tanjung_Putting_National_Park_08.jpg, Lizenz: CC BY-SA 4.0 | **S. 125:** Petar>M; https://de.wikipedia.org/wiki/Pangramm#/media/Datei:PangrammUnterLinux.png, Lizenz: CC BY-SA 3.0

Letztes Abrufdatum aller Bildquellen: 30.07.2024

Nähere Angaben zu den Lizenzen finden Sie im Internet unter:

- *https://creativecommons.org/licenses/by/2.0* (CC BY 2.0)
- *https://creativecommons.org/licenses/by/3.0* (CC BY 3.0)
- *https://creativecommons.org/licenses/by/4.0* (CC BY 4.0)

ük སྐད 𐍂𐌰𐌶𐌳𐌰 taal gjuhë لُغَة hizkuntza lingua yezh լեզու езѝк sprog mál lingvo tunga kieli 언어 lang
ahasa língua زَبان limbă jèзик dil ภาษา pük སྐད 𐍂𐌰𐌶𐌳𐌰 taal gjuhë لُغَة hizkuntza lingua yezh լեզու ез
ᐅᖃᐅᓯᖅ jazyk язык língua زَبان limbă jèзик dil ภาษา pük སྐད 𐍂𐌰𐌶𐌳𐌰 tschib pük لُغَة Sprache lingua
ba teanga lingaz לָשׁוֹן språk hizkuntza jazyk язык jezik língua زَبان jèзик gjuhë dil ภาษา སྐད ġeþēode
nyelv bahasa 言語 мова teanga lingaz לָשׁוֹן språk ᐅᖃᐅᓯᖅ 𐎍𐎌𐎐 𐍂𐌰𐌶𐌳𐌰 jazyk hizkuntza língua
γλώσσα भाषा llengua nyelv 𐎍𐎌𐎐 bahasa мова teanga pük སྐད 𐍂𐌰𐌶𐌳𐌰 taal gjuhë لُغَة jezik hizkun
ова ġeþēode língua زَبان limbă jèзик dil pük སྐད taal gjuhë لُغَة hizkuntza lingua yezh езѝк sprog ġe
za lingua 언어 yezh լեզու езѝк sprog mál lingvo tunga jezik kieli langue nyelv bahasa llengua nye
pük لُغَة Sprache lingua yezh լեզու езѝк 𐍂𐌰𐌶𐌳𐌰 sprog mál 言語 tunga kieli langue ⲗⲁⲥ भाषा Sprach
il ภาษา སྐད ᐅᖃᐅᓯᖅ taal ภาษา gjuhë لُغَة lingua tschib язык kieli езѝк sprog mál jezik lingvo tu
ᓯᖅ 𐎍𐎌𐎐 𐍂𐌰𐌶𐌳𐌰 jazyk hizkuntza mál lingvo γλώσσα lingaz לָשׁוֹן språk ᐅᖃᐅᓯᖅ jazyk язык língu
åk ᐅᖃᐅᓯᖅ jazyk язык língua زَبان limbă jèзик dil ภาษา pük སྐད 𐍂𐌰𐌶𐌳𐌰 taal gjuhë لُغَة hizkuntza
言語 мова teanga lingaz לָשׁוֹן språk ᐅᖃᐅᓯᖅ jazyk язык língua زَبان jèзик gjuhë dil ภาษา སྐད ᐅ
ahasa 言語 мова teanga lingaz לָשׁוֹן språk ᐅᖃᐅᓯᖅ 𐎍𐎌𐎐 𐍂𐌰𐌶𐌳𐌰 jazyk hizkuntza língua زَبان lim
भाषा llengua tschib nyelv 𐎍𐎌𐎐 bahasa 言語 мова teanga lingaz לָשׁוֹן språk yezh լեզու jèзик dil ภา
мова teanga lingaz ᐅᖃᐅᓯᖅ jazyk язык língua زَبان jèзик dil ภาษา pük jazyk язык língua زَبان lim
ál lingvo tunga kieli langue Sprache γλώσσα भाषा llengua nyelv ⲗⲁⲥ bahasa мова jezik teanga linga
nál 言語 tunga kieli langue γλώσσα jezik भाषा limbă llengua lingvo nyelv 𐎍𐎌𐎐 bahasa taal 언어 мо
ngue Sprache γλώσσα भाषा llengua tschib språk nyelv bahasa teanga мова lingaz לָשׁוֹן språk ᐅᖃᐅ
l langue γλώσσα भाषा jezik limbă llengua мова nyelv 𐎍𐎌𐎐 jezik bahasa 언어 taal teanga lingaz li
སྐད ᐅᖃᐅᓯᖅ taal ภาษา gjuhë لُغَة lingua 언어 язык լեզու езѝк sprog mál lingvo jezik tunga kieli
tschib jazyk língua hizkuntza زَبان limbă jèзик dil pük སྐད taal tschib gjuhë لُغَة hizkuntza tschib lin
lingvo yezh լեզու езѝк sprog mál lingvo tunga kieli langue Sprache γλώσσα भाषा llengua språk bah
езѝк sprog mál ᐅᖃᐅᓯᖅ زمان langue Sprache γλώσσα भाषा llengua nyelv 𐎍𐎌𐎐 bahasa llengua λa
ик dil ภาษา hizkuntza لُغَة lingua לָשׁוֹן езѝк yezh լեզու 言語 𐍂𐌰𐌶𐌳𐌰 sprog tunga kieli langue ภาษา
lingvo nyelv भाषा langue ⲗⲁⲥ jazyk язык língua keel jèзик gjuhë dil ภาษา སྐད gjuhë لُغَة lingua 언어 լ
어 tschib teanga lingaz لُغَة språk לָשׁוֹן jazyk limbă língua زَبان jèзик dil tunga སྐད taal gjuhë لُغَة hizku
gvo llengua nyelv 𐎍𐎌𐎐 bahasa мова teanga tschib lingaz 𐎍𐎌𐎐 språk jazyk 언어 ġeþēode язык h
gue Sprache γλώσσα भाषा llengua nyelv 𐎍𐎌𐎐 bahasa мова 𐍂𐌰𐌶𐌳𐌰 teanga lingaz ภาษา לָשׁוֹן språk
зѝк sprog mál lingvo tunga kieli langue Sprache γλώσσα भाषा llengua nyelv 𐎍𐎌𐎐 bahasa 言語 мов
yezh լեզու езѝк 𐍂𐌰𐌶𐌳𐌰 sprog mál 言語 tunga bahasa taal мова ᐅᖃᐅᓯᖅ teanga lingaz לָשׁוֹן språk
언어 kieli langue jezik yezh Sprache γλώσσα भाषा llengua tschib nyelv bahasa 言語 мова teanga lin
za lingua yezh լեզու езѝк sprog mál lingvo tunga kieli langue Sprache γλώσσα भाषा llengua nyelv
hë لُغَة hizkuntza lingua yezh լեզու езѝк 言語 sprog mál lingvo tschib tunga kieli langue Sprache γ
ük སྐད 𐍂𐌰𐌶𐌳𐌰 taal gjuhë لُغَة hizkuntza lingua yezh լեզու езѝк sprog mál lingvo tunga kieli langue
زَبان limbă jèзик dil ภาษา pük སྐད 𐍂𐌰𐌶𐌳𐌰 زمان pük لُغَة Sprache lingua yezh լեզու tschib езѝк 𐍂𐌰𐌶
schib hizkuntza jazyk язык língua زَبان jèзик gjuhë dil ภาษา jezik སྐད ᐅᖃᐅᓯᖅ taal ภาษา gjuhë لُغَ
lingaz לָשׁוֹן språk ᐅᖃᐅᓯᖅ 𐎍𐎌𐎐 𐍂𐌰𐌶𐌳𐌰 jazyk hizkuntza língua زَبان limbă jèзик dil pük སྐད taal
bahasa 言語 мова teanga lingaz yezh לָשׁוֹן språk ᐅᖃᐅᓯᖅ jazyk tschib язык língua زَبان limbă jèзи
γλώσσα भाषा llengua nyelv 𐎍𐎌𐎐 bahasa мова teanga lingaz לָשׁוֹן språk ġeþēode jazyk язык língua
Sprache γλώσσα भाषा tschib llengua nyelv 𐎍𐎌𐎐 bahasa 言語 мова pük སྐད 𐍂𐌰𐌶𐌳𐌰 pük لُغَة Spra
taal мова teanga زمان lingaz לָשׁוֹן teanga lingaz לָשׁוֹן språk ᐅᖃᐅᓯᖅ jazyk язык língua زَبان limbă
qnι езѝк sprog mál lingvo tunga kieli langue yezh Sprache γλώσσα भाषा llengua 言語 nyelv bahasa
taal gjuhë لُغَة hizkuntza lingua yezh լեզու езѝк tschib sprog mál lingvo tunga kieli langue Sprach
ük སྐད 𐍂𐌰𐌶𐌳𐌰 taal gjuhë لُغَة hizkuntza lingua yezh լեզու езѝк sprog mál lingvo tunga kieli langue S
pük སྐད 𐍂𐌰𐌶𐌳𐌰 taal gjuhë لُغَة ᐅᖃᐅᓯᖅ hizkuntza lingua yezh լեզու езѝк sprog mál tschib lin
ᓯᖅ jazyk язык língua زَبان limbă jèзик dil ภาษา pük སྐད 𐍂𐌰𐌶𐌳𐌰 keel pük لُغَة Sprache lingua yezh
lingaz לָשׁוֹן språk hizkuntza jazyk язык língua زَبان jèзик gjuhë dil ภาษา སྐད ᐅᖃᐅᓯᖅ tschib lingua
言語 мова teanga lingaz לָשׁוֹן språk ᐅᖃᐅᓯᖅ 𐎍𐎌𐎐 𐍂𐌰𐌶𐌳𐌰 jazyk hizkuntza língua زَبان limbă jèз

Wolfgang Moser, geb. 1964, studierte Allgemeine Sprachwissenschaft sowie Englisch und Französisch (Lehramt) in Graz, Prag, Avignon, Debrecen und Lissabon. Er ist diplomierter Erwachsenenbildner, geprüfter Bibliothekar und Vortragender an der Pädagogischen Hochschule Steiermark. Seit 1992 arbeitet er in der Erwachsenenbildung; seit 2020 ist er Direktor der Urania Steiermark.

γλωσσα भाषा llengua nyelv pük སྐད ġeþeode taal gjuhë لغة езйк tschib sprog mál לשון språk ᎦᏬᏂᎯᏍᏗ
ál lingvo tunga kieli langue Sprache γλώσσα भाषा llengua nyelv 𐎍𐎌𐎐 bahasa 言語 мова teanga ling
езйк 𐍂𐌰𐌶𐌳𐌰 زمان sprog mál 言語 tunga kieli langue γλώσσα भाषा limbă llengua lingvo nyelv 𐎍𐎌𐎐
gjuhë لغة lingua язык լեզու tschib езйк sprog mál lingvo tunga kieli langue 언어 yezh Sprache γλώσσ
език dil pük སྐད taal gjuhë لغة hizkuntza lingua yezh լեզու езйк sprog mál lingvo tunga kieli langu
ezh լեզու езйк sprog mál lingvo tunga kieli زمان langue Sprache γλώσσα भाषा llengua nyelv 𐎍𐎌𐎐
ga lingaz לשון språk ᎦᏬᏂᎯᏍᏗ jazyk язык língua زبان gjuhë jèзик dil ภาษา pük སྐད 𐍂𐌰𐌶𐌳𐌰 taal gju
hasa 言語 мова teanga lingaz לשון språk ᎦᏬᏂᎯᏍᏗ jazyk язык língua زبان limbă jèзик dil ภาษา p
vo nyelv 𐎍𐎌𐎐 bahasa taal мова teanga lingaz לשון språk hizkuntza ġeþēode jazyk язык língua زبان
angue yezh llengua भाषा γλώσσα llengua nyelv bahasa 言語 tschib λac мова לשון teanga lingaz לשון
jèзик dil ภาษา tunga språk Sprache γλώσσα भाषा llengua nyelv 𐎍𐎌𐎐 Sprache bahasa мова 언어
لغة yezh езйк sprog mál 言語 lingvo tunga langue Sprache kieli γλώσσα भाषा llengua sprog lingaz
ภาษา gjuhë لغة kieli язык լեզու 언어 мова mál lingvo tunga lingua yezh լեզու langue ภาษา भाषा l
jezik pük སྐད taal gjuhë لغة hizkuntza lingua yezh լեզու езйк sprog mál lingvo tunga kieli langue S
езйк sprog mál 言語 lingvo tunga kieli langue 𐎍𐎌𐎐 tschib λac Sprache γλώσσα भाषा tschib llengua
dil ภาษา 𐍂𐌰𐌶𐌳𐌰 taal gjuhë لغة hizkuntza lingua לשון språk 언어 pük སྐད ġeþēode taal gjuhë لغة езйк
ᎦᏬᏂᎯᏍᏗ jazyk язык língua زبان limbă 𐍂𐌰𐌶𐌳𐌰 pük لغة Sprache lingua yezh լեզու езйк 언어 𐍂𐌰𐌶𐌳𐌰
ик dil ภาษา pük སྐད jezik 𐍂𐌰𐌶𐌳𐌰 sprog mál yezh езйк pük gjuhë 𐎍𐎌𐎐 nyelv lingua ġeþēode tunga
ык língua زبان limbă jèзик λac dil ภาษา bahasa pük γλώσσα kieli yezh լեզու езйк 𐍂𐌰𐌶𐌳𐌰 мова má
kuntza jazyk язык língua زبان teanga lingaz språk jazyk язык língua زبان hizkuntza jèзик tschib gju
k langue yezhl γλώσσα taal ġeþēode भाषा լեզու jèзик 언어 nyelv 言語 мова teanga לשון språk ᎦᏬ
ու езйк sprog mál lingvo tunga kieli dil езйк ภาษา yezh teanga hizkuntza lingaz язык dil ภาษา 𐍂
eanga زمان hizkuntza 𐍂𐌰𐌶𐌳𐌰 لغة língua limbă jèзик dil ภาษา pük སྐད 𐍂𐌰𐌶𐌳𐌰 taal gjuhë gjuhë limbă
språk jezik язык tunga kieli ᎦᏬᏂᎯᏍᏗ langue Sprache γλώσσα भाषा llengua jezik nyelv 𐎍𐎌𐎐 língua
gua λac lingvo sprog bahasa jezik taal мова teanga lingaz språk taal kieli langue γλώσσα भाषा limbă
зйк mál 언어 tunga kieli langue ᎦᏬᏂᎯᏍᏗ yezh լեզու 言語 мова भाषा tschib jazyk λac llengua nyelv b
yezh լեզու езйк sprog mál lingvo tunga kieli langue γλώσσα भाषा lingua yezh jezik լեզու езйк jezik
bă jèзик dil ภาษา pük སྐད 𐍂𐌰𐌶𐌳𐌰 taal gjuhë لغة hizkuntza lingua yezh լեզու езйк sprog mál lingvo
jazyk язык língua زبان mál limbă jèзик dil ภาษา pük སྐད 𐍂𐌰𐌶𐌳𐌰 taal gjuhë لغة hizkuntza λac lingu
az לשון språk ᎦᏬᏂᎯᏍᏗ jazyk язык língua زبان limbă jèзик dil ภาษา pük སྐད jezik 𐍂𐌰𐌶𐌳𐌰 pük لغة S
yk язык língua زبان jèзик gjuhë dil ภาษา སྐད taal ภาษา gjuhë لغة lingua язык լեզու езйк sprog mál
k ᎦᏬᏂᎯᏍᏗ 𐎍𐎌𐎐 𐍂𐌰𐌶𐌳𐌰 jazyk hizkuntza língua زبان limbă jezik jèзик tschib dil pük སྐད taal gju
a 言語 мова teanga lingaz לשון språk ᎦᏬᏂᎯᏍᏗ jazyk язык língua زبان limbă jèзик dil ภาษา pük སྐ
llengua nyelv 𐎍𐎌𐎐 bahasa мова teanga lingaz לשון språk ġeþēode jazyk язык língua زبان limbă jè
σσα भाषा llengua nyelv 𐎍𐎌𐎐 언어 bahasa 言語 мова teanga jezik lingaz לשון språk ᎦᏬᏂᎯᏍᏗ jazyk
言語 tunga kieli langue γλώσσα भाषा limbă llengua lingvo nyelv 𐎍𐎌𐎐 bahasa taal мова teanga ling
լեզու езйк sprog mál lingvo tunga kieli زمان langue yezh Sprache γλώσσα भाषा llengua nyelv bahasa
kuntza lingua keel yezh լեզու езйк sprog mál lingvo tunga kieli langue Sprache γλώσσα भाषा llengua
pük སྐད 𐍂𐌰𐌶𐌳𐌰 taal gjuhë لغة hizkuntza lingua yezh լեզու езйк sprog mál lingvo tunga kieli tschib
език dil ภาษา pük སྐད 𐍂𐌰𐌶𐌳𐌰 taal gjuhë لغة hizkuntza lingua yezh լեզու езйк sprog mál lingvo
ezh լեզու езйк 𐍂𐌰𐌶𐌳𐌰 sprog mál 言語 tunga kieli langue γλώσσα भाषा limbă llengua lingvo nyelv
språk hizkuntza jazyk язык língua زبان jèзик gjuhë dil ภาษา སྐད ᎦᏬᏂᎯᏍᏗ taal ภาษา gjuhë لغة
ġeþēode lingaz לשון språk ᎦᏬᏂᎯᏍᏗ 𐎍𐎌𐎐 𐍂𐌰𐌶𐌳𐌰 jazyk hizkuntza 言語 língua زبان limbă keel jè
llengua nyelv 𐎍𐎌𐎐 bahasa 言語 мова teanga lingaz לשון språk jazyk язык língua زبان limbă jè
σα भाषा llengua nyelv 𐎍𐎌𐎐 bahasa 言語 мова teanga lingaz לשון språk jazyk язык língua زبان limbă
þēode kieli langue Sprache γλώσσα भाषा llengua nyelv 𐎍𐎌𐎐 bahasa 言語 мова teanga lingaz לשון
𐌰𐌶𐌳𐌰 sprog mál 言語 tunga kieli langue γλώσσα भाषा limbă llengua lingvo nyelv 𐎍𐎌𐎐 bahasa taal
لغة lingua язык լեզու езйк sprog mál lingvo tunga kieli langue yezh Sprache γλώσσα भाषा llengua
լեզու 言語 мова भाषा llengua nyelv bahasa 言語 мова teanga lingaz לשון språk ᎦᏬᏂᎯᏍᏗ 𐎍𐎌𐎐 𐍂